"아름다운 꿈을 가꾸는 _____에게"

전직 간호사, 현직 보건교사의 가꿈노트

간호 새싹들을 위한 오색빛깔 진로 개발 지침서

초 판 1쇄 2024년 01월 23일

지은이 정진주
펴낸이 류종렬

펴낸곳 미다스북스
본부장 임종익
편집장 이다경
책임진행 김가영, 박유진, 윤가희, 이예나, 안채원, 김요섭, 임인영

등록 2001년 3월 21일 제2001-000040호
주소 서울시 마포구 양화로 133 서교타워 711호
전화 02) 322-7802~3
팩스 02) 6007-1845
블로그 http://blog.naver.com/midasbooks
전자주소 midasbooks@hanmail.net
페이스북 https://www.facebook.com/midasbooks425
인스타그램 https://www.instagram/midasbooks

© 정진주, 미다스북스 2024, *Printed in Korea*.

ISBN 979-11-6910-457-9 03810

값 **19,000원**

간호 새싹들을 위한 오색빛깔 진로 개발 지침서

전직 간호사, 현직 보건교사의 가꿈노트

정진주 지음

미다스북스

4장 꿈을 가꾸는 보건교사가 되다

5장 어쨌든 호모 폴리토르가 되다

에필로그

선생님, 병원이 더 좋아요?
학교가 더 좋아요?

"선생님, 병원이 더 좋아요? 학교가 더 좋아요?"

보건교사가 되어 학교에 발령받고 지인을 비롯해 학생이나 교사들로부터 가장 많이 받은 질문이다. 지인들은 3교대에서 벗어나 정시 출퇴근에 방학까지 있으니 학교가 더 좋지 않냐는 것이다. 반면, 교사들은 병원이 돈도 더 많이 벌고 좋지 않냐는 듯한 뉘앙스가 많다. 아이들을 상대하는 교직 생활이 녹록지 않은 현실도 한몫한다. 학생들은 이도 저도 아니다. 그냥 순수하게 어디서 일하는 게 더 좋은지가 정말 궁금해서 묻는 거다. 수없이 받은 이 질문은 내게 "치킨이 좋아요? 찜닭이 좋아요?"랑 비슷하게 느껴진다. 치킨은 치킨대로 찜닭은 찜닭대로 나름의 매력이 있으니까.

진로를 선택하는 건 하루 소비하고 마는 우유를 살 때 딸기우유를 살까 흰 우유를 살까 하는 고민처럼 단순하지 않다. 우리는 자고 쉬는 시간을 뺀 나머지 인생의 30%를 일하는 데 사용한다고 한다. 적지 않은 시간을 들이부어야 하는 만큼 진로를 선택하는 건 일생일대의 신중한 결단이다.

내가 어떤 가치를 중요시하는 사람인지 제대로 아는 건 진로를 가꿔 나가기 위한 첫 단추다. 내가 돈만 중요시했다면 아마 병원을 그만두지 않았을 것이다. 아니 못 그만뒀을 거다. 보건교사로서 받은 내 첫 월급은 간호사로 일해서 받은 마지막 월급의 2/3 정도 수준이었으니까 말이다. 어쩌면 진로를 결정하는 건 얻을 수 있는 이득과 버려야 할 기회비용 사이에서 균형을 잡는 과정일지도 모르겠다. 대학 병원에서 간호사로 5년, 고등학교에서 보건교사로 10년 가까이 근무했다. 한 분야에서 5년 정도면 알만큼은 아는 경력이라지만 '어디가 더 좋냐?'는 질문은 여전히 어렵다. 간호사는 간호사대로 보건교사는 보건교사대로 내게 똑같이 소중한 경험이었고 나름의 의미가 있었다. 그래서 내가 한 선택 중 어느 쪽도 후회하지 않는다.

보건교사가 되어 필드가 병원에서 학교로 바뀌었을 뿐 난 주변인이었다. 학교 간호사(School Nurse)인지 보건교사(School Health Teacher)인지 헷갈리는 교육 현장에서 정체성 혼란과 매너리즘의 늪에 빠지고 싶지 않았다. 그래서 꿈을 놓지 않는 삶을 살기로 결심했다. 내 심장을 뛰게 하고 몰입하는 일을 따라다니며 내 삶과 꿈을 가꾸기 시작했다. 『중용』 23장에는 작은 일에도 정성을 다해 사는 자세는 나와 세상을 변화하게 한다는 말이 나온다. 정성을 다해서 꿈을 가꾸는 삶은 만족은 물론 행복도 덤으로 가져다주었다.

보건교사가 된 후, 직업 너머 진로 정체성에 대해서 고민을 해왔다. 『먼 나라 이웃 나라』 작가로 유명한 이원복 교수는 한 인터뷰에서 "나는 교수라는 직업을 가진 만화가입니다."라고 말했다. 본캐와 부캐를 넘나드는 너무나 멋진 표현이 아닌가. 사람들은 '직업=정체성'으로 동일시하는 경향이 있다. 다른 사람뿐만 아니라 나 자신에게도 똑같은 등식을 적용한다. 하지만 세상에는 자신의 직업과 별개로 다른 분야에서 나래를 펴는 사람들이 많다. 내가 특정 직업을 가졌다고 해서 내 안에 잠자는 재능과 잠재력까지 그 속에 가둬 둘 필요는 없다. 삶은 가슴이 시키는 일을 해 가는 과정에서 진짜 내가 누구인지 찾아가는 거다. 꿈을 가꾸는 과정은 나의 정체성을 찾아가는 여행이자 나를 사랑하는 행동이다.

2020년~2023년 교육부와 한국직업능력연구원에서 조사한 고등학생 희망 직업을 보면 4개년 내내 1위가 교사, 2위가 간호사다. 교사이자 간호사인 나의 진로 개발 이야기가 비슷한 꿈을 가진 사람들에게 새로운 시작과 성장의 가능성을 일깨워 주었으면 한다. 내가 간호의 세계에 발을 들이고 꿈을 가꾸어 가는 과정, 간호사로 보건교사로 살아 낸 경험이 누군가에게 도움이 되고 마른 목을 적셔 주었으면 하는 소망이 있다. 꿈을 향해 가는 모든 과정이 내 삶에 꼭 필요한 단계였고 다른 색깔로 의미있었다. 간호 새싹들이 꿈을 가꾸는 순간순간을 즐기는 행복한 삶을 살았으면 좋겠다는 바람을 안고 나의 가꿈 이야기를 시작해 본다.

추천사

　이 책은 '누구에게나 처음은 있어, 조금 서툴러도 괜찮아.'라며 간호 학생과 간호사들을 보듬어 주는 선배의 마음이 느껴지는 따뜻한 책입니다.

　단순한 진로에 대한 성찰이 아니라 우리의 진정한 열망을 이해하고 포용하기 위한 진심 어린 안내서입니다.

　특히 간호와 교육 분야에서 진로의 갈림길에 서 있는 모든 이들에게 정형화된 틀에 얽매이지 않고 자신의 마음에 따라 꿈을 키우도록 격려하는 영감의 등불이 될 것입니다.

오수미(제주대학교 간호대학 교수)

'태생이 명랑 쾌활하고 인사성은 타고났지만, 눈치는 꽝'이었던 저자가 태움을 견디고 소아 혈액종양내과에서 '그냥 간호사'가 아닌 '내 아이의 간호사'로 거듭 성장해나가는 과정을 솔직하게 담은 책이다.

저자는 '엄마들의 호의와 호위 덕분에 신규간호사 시절에도 아이들과 보호자 앞에 서면 천생 간호사일 수 있었다.'라고 말한다. 환자 그리고 보호자와 마음을 나누는 시간이 더욱 줄어든 것 같은 요즘, 나는 어떤 간호사였을지 되돌아보게 하는 책이다.

이 책을 통해 그녀만의 비밀병기로 하는 일마다 꿈을 이뤄낸 비법을 엿볼 수 있다. 『가꿈노트』의 이야기는 간호사를 희망하는 청소년과 간호 학생에게 간호사로서의 청사진을 그려 보게 하고, 현직 간호사들에게는 공감과 따스한 위로가 된다.

김미영(서울대학교병원 간호임상강사, 간호사)

꿈꾸는 아름다운 자의 스토리가 아이들의 스토리가 된다.

학교에서 아이들이 좋은 선생님을 만나는 건 행운이고 행복이다. 교사의 관점에서도 만나는 아이 중에 단 한 명이라도 꿈을 품고 가꾸며 살아가게 했다면 멋지고 행복한 선생님이다.

고양시에서 같이 근무했고 블로그 이웃인 정진주 선생님은 아이들과 소통하며 선한 영향력을 주는 행복한 교사로서, 후배이지만 배울 것이 많은 동료 교사이다.

'우리의 삶이 아름다운 이유는 실패에 굴하지 않고 시도하고 도전할 수 있다는 데 있다. 넘어져도 다시 일어나서 나만의 이야기로 만들어가면 된다.'는 정진주 선생님의 절대 긍정은 항상 꿈을 꾸기로 결심한 이의 모습이다.

『가꿈노트』의 스토리는 꿈이 없는, 무엇을 하고 싶은지, 무엇을 해야 하는지 생각조차 못 하는 아이들에게 인생의 방향을 설정해주는 북극성, 나침반 같은 역할을 하며 아이들의 스토리북을 만들게 해 줄 것이다.

천아영(경기도보건교사회 18대·19대 회장, 보건교사)

진주쌤은 항상 열정적이시고, 기발한 아이디어로 보건 동아리 활동을 꾸며주셨다. 학생들의 질문에 언제든 선뜻 대답해 주시고 보건실 문을 열면 늘 반겨주시는 친근하면서도 존경스러운 선생님이시다.

그런 선생님의 책이라 기대하고 봤는데, 이야기가 재미있게 술술 읽혀서 순식간에 다 읽었다. 진주쌤의 평소 가르침이 책에서도 한결같아서 놀라웠고, 여러 간호사 추천 도서 중에서도 이 책엔 선생님만의 다양한 경험과 흥미로운 사례가 듬뿍 담겨있어 더 유익했다. 역시나 간호사라는 꿈을 키우는 데 큰 도움이 되었다.

『가꿈노트』는 간호사, 보건교사를 꿈꾸는 청소년과 간호학과 학생들에게 꿈은 꾸는 게 아니라 가꾸는 것이라고 당찬 희망과 실천의 메시지를 전달한다. '시작은 미약해도 점점 창대해지게 만드는 게 인생의 묘미지.'라며 가장 나다워지기 위해 자신을 계속 가꾸라고 하며 학생들의 삶을 응원한다. 내 고등학교 시절에 진주쌤을 만나 기쁘다.

지윤슬(보건 동아리 힐빙 부장, 효자고 2학년)

·1장·

어쩌다 간호 학생이 되다

1

친구 따라 간호학과에 가다

나는 무엇을 좋아하는 아이였더라

고등학생일 때 유난히 좋아했던 과목이 있다. 바로 영어였는데, 중학생 때부터 우연히 〈EBS 고등영어〉를 보고 나서 흥미가 붙었다. 중학교 때 고등영어 수업을 들으며 재미를 느꼈으니 나름 자체 선행 학습이었다. 다른 건 몰라도 영어 과목만은 최상위권을 유지했다. 그래서 내가 뭐가 된다면 영어와 관련된 일을 하게 되지 않을까 싶었다.

집을 떠나 타지의 고등학교에 입학한 나는 입학 첫날도 남달랐다. 함께 간 친구가 없었기에 난 홀로 앉아 〈틴 타임즈〉를 읽고 있었다. 중학생 때부터 엄마를 졸라 구독해서 보던 청소년 영어신문이다. 매주 집으로 컬러풀한 영어신문이 배달 왔는데, 그걸 보는 게 내 취미였다. 시골에서 자라 사교육이라고는 해 본 적이 없던 내가 유일하게 해 본 사치다. 나중에 친구들에게 들으니 그런 내 모습이 참 이상하고 신기해 보였다고 했다.

고등학교 영어의 파격적인 수업도 기억에 선명하다. 어학실에 가서 귀에 헤드셋을 끼고 〈Tuning in the USA〉라는 책으로 회화를 공부했다. 미국 뉴욕의 평범한 가족에게서 일어나는 일상적인 생활 에피소드를 엮은 대화 형식의 오디오였다. 동영상이 흔치 않던 그 시절 오디오만으로도 현실감이 돋보이는 음향 효과로 충분히 몰입됐다. 시트콤을 보는 게 아닌 듣는 기분이 들었다. 또 장면마다 도입부에 "빠빰~ 빠바바~ 바바바~"하고 로고송이 나왔는데, 어떤 이국적인 이야기가 나올지 마음을 설레게 했다. 한번은 에피소드에서 비가 많이 오던 날 'It's raining cats and dogs.'란 문장이 나왔는데, 일상생활 영어 표현이 재미있어서 절로 흥분됐다. 결국 난 카세트테이프를 사서 테이프가 늘어질 때까지 듣고 또 들었다.

돌이켜보면 영어를 좋아해서 간호학도 잘 배울 수 있었던 것 같다. 간호학에서 의학 용어는 기초 중의 기초인데, 의학 용어는 어근, 어간, 어미 등이 라틴어에서 유래한 게 많기 때문이다. 영어 단어의 구조를 알면 의학 용어의 구조를 파악해서 외우는 데도 도움이 됐다. 결국에 필요 없는 경험은 없었다. 영어를 좋아하니 의학 용어가 기본이 되는 의료환경에서 적응하는 게 훨씬 유리했다. 뭐든 좋아하면 즐기게 되고, 즐기면 잘

하게 되는 것 같다.

방황하던 내게 친구가 건넨 제안, 간호학과

학교에서 보면 무기력의 극을 달리는 학생이 바로 꿈이 없는 학생이다. 생각해 보면 나도 다르지 않았다. 공부를 손에서 놓지는 않았으나 꿈과는 거리가 먼 학생이었다. 특별히 하고 싶은 것이 없었다고 하는 게 맞을 것 같다. 그래서인지 나에게 와서 간호사가 되고 싶다고 말하는 학생들을 보면 부러운 마음이 들기도 한다.

학생에게 꿈이라고 하면 무엇을 전공해서 무엇을 하며 먹고 사느냐의 문제인데 난 아무리 생각해도 내가 무엇을 하고 싶은지를 알 수가 없었다. 그래서인지 중학교까지는 공부를 곧잘 하는 학생이었던 나는 고등학교에 가자 공부의 의미를 점점 잃어 갔다. 다들 열심히 하니까 등 떠밀리듯 수능을 준비하고 내신을 관리하면서도 최종 목적지가 없는 공부는 도통 재미가 없었다. 단순히 좋은 대학에 가기 위해 공부를 해야 한다는 게 받아들여지지 않고 진부하게 느껴졌다. 내가 진짜 하고 싶은 일이 무엇인지 모른다는 것 자체가 방황하는 나에겐 학습 동기를 낮추는 치명적인 요인이었다.

고등학교 때 난 고향에서 진학하지 않고 나름 유학을 했다. 인근지역에서 학년당 남학생 100명, 여학생 100명 정도로 뽑아서 정원을 채우는 학교였고, 한 해에 졸업생의 절반 이상은 인 서울 대학에 진학하는 지역 명문고였다. 나는 평일에는 기숙사 생활을 하다가 주말이 되면 집으로 갔다. 그 당시에는 우리 학교라는 소속감만으로도 기세등등했고 '적어도 인 서울은 하겠지.'라는 근거 없는 자신감이 내 속에 가득 차 있었다. 그렇게 시간이 흘러 나는 고3이 되었고 수능을 치르고 좌절했다. 1등급을 유지하던 외국어영역마저 망쳐 버렸다. 그제야 정신이 좀 들었다. '나는 앞으로 어떻게 하지?'라는 미래에 대한 불안감이 꼬리에 꼬리를 물었다.

성에 차지 않는 대학 몇 곳에 원서를 접수하고 최종결과를 기다리던 중 친구 맹의 전화를 받았다. "진주야, 우리 같이 간호과 갈래?", "간호과?" 평소 덜렁대고 성격도 급한 내가 사람을 살리는 일을 할 수 있을까 하는 의문이 제일 먼저 들었다. 살면서 한 번도 생각해 보지 않았던 전공이라서 고민됐다. 친구의 제안에 난생처음 간호학을 전공한 후의 미래를 그려 보기 시작했다. 그제야 간호사라는 직업을 찾아보다 보니 점점 흥미가 생겼고 매력적이라는 생각이 들었다. 부모님께서 선생님이 되라고 늘 말씀하셔서 영어를 좋아했던 난 영어 선생님이 되어야 하는 줄 알고 살았다. 내가 간호대학에 가게 될 거라고는 상상도 못 했다. 19살 겨울,

구체적인 특정 직업에 대한 탐색을 처음으로 해 본 시기였다. 그렇게 난 미지의 세계로 발을 들였다.

　가끔 학교에서 간호사와 관련된 진로 인터뷰를 할 때 학생들이 '처음 어떻게 간호사를 하게 되었는지' 물을 때가 있다. 그럴 때마다 내가 간호사가 된 경위를 말하기가 좀 민망할 때도 있었다. 남들처럼 어린 시절 아파서 병원에 갔을 때 본 친절한 간호사의 모습에 감동하여서라든지, 아픈 가족을 돌보기 위해서라든지 같은 좀 더 그럴듯한 사명감으로 간호사가 된 것이 아니라서 말이다. 나도 좀 더 어렸을 때 내가 무얼 하고 싶은지 알았더라면 조금은 달라졌을 수도 있을까 생각도 해 본다. 그래도 후회하지는 않는다. 내가 돌고 돌아 대입 목전에서라도 간호학을 선택한 것은 신의 한 수였다. 시작은 미약해도 점점 창대해지게 만드는 게 인생의 묘미지.

2

용의 꼬리냐 뱀의 머리냐, 선택의 기로

성공의 방정식

드로우 앤드류의 유튜브 코너 '그린룸 토크'에서 깊이 와닿는 영상을 본 적 있다. 28살의 어린 나이에 자산가가 된 콘텐츠 제작사 대표의 이야기였다. 수능 7등급, 지방대, 연예인 덕후였던 그녀는 청소부나 경비원이라도 좋으니 방송국에서 일할 수만 있다면 좋겠다는 꿈을 꾸었다. 그래서인지 대학은 어디든 좋으니 그저 신문방송학과만 가면 뭐든 좋다는 마음이었다고 한다. 목적이 확실해서인지 그녀는 대학에 입학한 후 줄곧 과탑을 놓치지 않을 정도로 '여기서 1등 해야지, 여기서 얻을 수 있는 건 다 가져가야지.'라는 마음가짐으로 대학 생활을 했다. "자기가 주어진 환경에 얼마나 만족하고 그 환경을 잘 활용할 수 있느냐가 성공의 방정식이라고 생각해요." 그녀의 말에 깊이 공감됐다. 나 또한 그렇게 대학 생활을 했기 때문이다.

지금은 4년제가 된 가천대 간호학과는 내가 입학할 당시 전문대였다. 간호사란 직업을 알아볼수록 구미가 당기기 시작했지만 내가 전문대에 간다는 것은 자존심에 용납되지 않았다. 간호과에 원서를 쓸 때, 친구의 제안에 그냥 밑질 건 없으니 그냥 한번 넣어나 보자는 생각이 컸다. 여담으로 05학번인 나는 가천길대학 간호과 마지막 입학생이었고, 우리 학번 이후로 후배들은 가천의대, 경원대와 통합된 가천대 간호학과로 입학했다. 이때 우리 학번은 1년을 휴학하면 4년제 자동 편입을 해 주는 특혜를 받아서 우리 학번 학생의 반 이상이 휴학하는 초유의 사태가 벌어졌다. 나는 교직 이수를 포기하지 않으려고 휴학하지 않았다. 어찌 보면, 4년제 타이틀과 보건교사 자격을 맞교환한 셈이다.

조마조마하게 기다리던 대학의 최종 합격 발표가 났다. 다행히 인 서울 영어영문학과 한 곳에 합격했다. 물론 가천길대학 간호과도 합격했다. 나는 고민이 되기 시작했다. 인 서울이긴 하지만 영어영문학과에 가면 내가 무얼 할 수 있을까? 영어를 좋아하긴 했지만, 구체적인 목표가 다시 생겨야 더 열심히 공부할 수 있을 것 같았다. 대학에 가면 부모님의 도움은 최대한 안 받고 싶었다. 서울 사립대 등록금을 감당하기에 만만치 않다는 것도 부담됐다. 간호과는 대학에서 배우는 것도 재미있을 것 같고 전문직이라서 졸업하자마자 취업을 할 수 있다는 것이 큰 장점으로 느껴졌다. 단 한 가지 걸리는 것은 전문대라는 타이틀이었다. 내가 전문대에 간다니 참담했다. 조금만 더 일찍 간호 쪽에 관심을 가졌더라면 더 열심히 공부해서 걱정 없이 더 나은 대학에 입학할 수도 있지 않았을까? 처음으로 열심히 공부하지 않은 나 자신이 한심했다.

M.스콧 펙의 『아직도 가야 할 길』에는 성장은 미지의 세계로의 도약이라는 말이 나온다. 성장하리라 다짐하며, 오랜 고민 끝에 큰 결심을 했다. 내 인생과는 관련 없을 줄 알았던 전문대에 가기로 했다. 부모님께서는 조금은 놀라셨지만 내 의사를 따라 주셨다. 물론 기쁜 마음보다는 미래에 대한 걱정이 더 컸다.

친구들에게 인 서울 영이영문학과를 포기하고 전문대 산호과에 간다고 하니 미친 거 아니냐는 소리도 들었다. 그렇게 말하는 것도 이상하진 않다는 생각이 들었다. "앞으로 대학 가면 나 볼 생각 하지 말아, 얘들아. 나 이제 진짜 공부만 할 거야." 하며 웃어넘겼다. 당시 나에게 남들이 날 어떻게 보는지는 중요한 것이 아니었다. 대학 원서를 넣고서야 처음으로 구체적인 직업에 대해 꿈꿔 봤고, 내 흥미와 확신에 의지해 전공 하나만 믿어 보기로 했다. 용의 꼬리 대신 뱀의 머리가 되어 보리라 마음속으로 다짐했다. 이제 공부만이 살길이라는 생각이 절로 들었다. 드디어 학습 의지가 불타올랐다.

간호학과 진학에 대한 진심 어린 조언

　요즘엔 취업난과 전문직이라는 메리트 때문인지 성별을 불문하고 간호사라는 직업을 선호한다. 그래서인지 간호학과의 입시 문턱도 천정부지로 높아졌다. 학교에서 간호학과 진학 관련 진로 상담을 하다 보면 전문대와 4년제 간호학과 사이에서 선택을 고민하는 학생들을 흔히 본다.

　"선생님, 하향 지원해서 지방대나 전문대 간호학과에 가도 괜찮을까요? 담임 선생님께서는 좀 더 이름 있는 대학 다른 보건 쪽 전공은 어떠냐고 하세요."

　서울에 있는 이름 있는 대학에 가고 싶기는 하고 성적은 턱없이 부족하니 이상과 현실 사이에서 갈팡질팡하는 것이다. 과거에는 3년제와 4년제로 간호학과 교육과정이 이원화되어 있었지만, 현재 간호학과는 모두 4년제 교육과정으로 바뀌었다. 하지만 여전히 전문대라는 인식이 뇌리에 남아 있기에 고민이 되는 것이다. 취업 당시 전문대 졸업생이었던 나는 병원 입사 1년 차 때 학사 편입을 해서 학사 학위를 취득했다. 전문대를 졸업하더라도 간호사들 대다수가 학사 편입을 통해서 학위를 취득하고 대학원 과정까지 마치는 경우가 흔하다. 졸업과 동시에 취업이 되고 어린 나이에 비교적 고소득 직장이 보장되기에 가능한 일이기도 하다.

학생들의 고민은 나도 고3 입시 때 제일 심각하게 걱정했던 부분이었기 때문에 확신을 안고 말할 수 있다. 나는 학생들에게 대학의 순위나 네임라벨을 따지는 것보다는 입학에 초점을 두라고 조언한다. 일반교사들은 진학지도를 할 때 대학의 네임라벨을 중요시할 수밖에 없다. 일선 고등학교에서는 명문대에 보내는 학생 수가 교사와 학교의 능력으로 인정받는 관례가 있기 때문이다. 또 국어국문학과, 영어영문학과, 수학과, 화학과 등 여타 일반 학과는 대학 졸업 후 어떤 직업을 가지게 될지 어떤 회사에 취업할지 확정적이지 않은 경우가 많다. 즉, 직업 선택의 폭과 가능성이 무궁무진하게 크다. 그런 상황에서는 대학교의 네임라벨이 구직자에게 하나의 스펙이 될 수 있다.

하지만 간호학과의 경우 일부 석박사 과정 진학을 빼면 졸업생의 대다수가 대학 성적에 따라 졸업과 동시에 국내 병원으로 취업한다. 병원이 아니더라도 보건교사나 보건의료 관련 공공기관, 보험회사, 제약회사, 지역사회 간호사 등 전공 간호학이 기반이 된 분야로 진출하게 된다. 간호사를 꿈꾸고 성적이 되면 인 서울 4년제 간호대학에 가는 게 당연히 더 좋다. 하지만 성적이 좀 부족하다면 눈높이를 낮춰 간호학과에 입학하고 거기서 좋은 성적을 잘 유지하는 것도 하나의 좋은 방법이 될 수 있다. 실제로 내 교직 경험상 선례를 봐도 눈높이를 낮춰 간호학과에 간 학생들도 매우 적극적으로 학교생활을 하고 교직도 이수하며 아주 잘 적응하며 다닌다.

더불어 다른 직업군과 달리 간호사의 경우에는 병원의 네임라벨과 임상 경력이 대학의 네임라벨 못지않게 중요한 스펙이라는 점이다. 간호사 중에서 출신 학교 때문에 취업할 때 제한이 있다거나 향후 진로에 문제가 생기는 경우는 많지 않다. 적어도 내 경험상 그렇다.

4년제에 가기에 성적이 부족한 학생들은 흔히 보건 관련 학과인 물리치료학과, 치위생학과, 보건행정학과로 진로를 변경하라는 제안을 받는 경우도 종종 있다. 그때마다 나는 간호학과로 가라고 망설임 없이 조언한다. 의대, 간호대, 약대, 보건 관련 학과는 모두 보건의료계열이지만 졸업한 후에는 완전히 서로 다른 직업을 가지게 된다. 간호학과의 경우, 간호사를 포기하고 다른 학과에 가고 난 후 다시 공부하여 재입학하거나 돌아오는 경우도 흔하다. 본인이 진정으로 원하고 그동안 꿈꾸고 준비해 온 것이 무엇인지 곰곰이 잘 생각해 봐야 한다. 성적이 안 되면 재수해서 스스로 만족하는 수준의 간호대학에 가는 것과 지금 눈높이를 좀 낮춰서 지방 간호대학에 가는 것을 고민하는 것이 미래지향적으로 보았을 때 훨씬 더 현명한 고민이다.

3

드디어! 딱 맞는 옷을 입다

나만의 엘리트 코스

2005년 봄, 걱정 반 설렘 반인 상태로 간호대학생이 되었다. 고향을 떠나 인천에 있는 큰아버지댁에 살면서 대학을 다니게 됐다. 고등학교 때부터 기숙사 생활을 해서인지 부모님과 멀리 떨어지게 된 것에 대한 두려움이나 슬픔은 그다지 크지 않았다. 오히려 열심히 공부해야겠다는 결연한 의지가 더 컸다.

경기간호전문대학으로 시작된 가천길대학(현, 가천대학교)은 간호계열 쪽에선 이름만 대도 알 정도로 꽤 유명한 학교였다. 내가 서울대병원에서 일할 때 우리 병동에 학교 선후배가 5명이나 있었으니 간호사 양성의 규모는 손에 꼽힐 정도였다. 비록 서울에 있는 유명 대학 4년제 간호학과의 엘리트 코스는 아니었지만 대학 입시 때처럼 '후회할 일은 다시

하지 않겠다.'라는 일념으로 내가 서 있는 곳에서 나만의 엘리트 코스를 만들겠다고 다짐했다.

대학에서 첫 학기를 보내며 간호학을 배우게 된 것이 어쩌면 운명일 수도 있겠다 싶었다. 공부하는 것이 너무너무 재미있었다. 고등학교 때 다양한 교과를 배울 때 고기를 낚으러 망망대해를 헤매는 기분이었다면, 간호대학에서 배우는 과목들은 가두리 양식장에서 낚시하는 법을 배우는 듯했다. 특히 나는 해부학, 생리학, 병리학 같은 과목이 흥미로웠다. 나 자신의 몸과도 관련성이 느껴지니 수업 때마다 눈이 반짝거리고 귀를 쫑긋했다. 수업에서 알려 주지 않은 부분이 궁금해지기 시작했고, 더 알고 싶어서 방과 후엔 도서관을 수시로 드나들며 앎에 대한 갈증을 해소했다.

대학에 다니는 동안 최대한 빼먹을 작정이었다. 예습을 하는 것도, 교수님 연구실 문을 두드리고 질문을 하는 것도 내겐 이상하지 않은 일상이었다. 많은 걸 포기하고 한 선택이지만 배움은 만족스럽고 재미있었다. 대학 시절 내내 시키지 않아도 몸과 마음이 저절로 움직이는 신기한 경험을 했다. 자연스럽게 내 삶이 간호학에 매진하는 방향으로 흘러갔다.

새로 태어난 한 명의 나이팅게일

간호대학은 간호학 이론교육과 실습 교육이 병행되어 교육과정이 진행됐다. 1학년 때는 기본적인 간호이론과 기초 병태생리를 배우며, 학교에서 기초간호나 기초과학 실습을 하며 기본 소양을 쌓았다. 2학년이 되면서 심화 교육과정인 성인, 모성, 아동, 지역, 정신 등 세부 간호학을 배우며 2주는 수업을 듣고, 2주는 임상 실습을 하게 됐다.

병원으로 실습을 나가기 전, 간호학과의 전통적인 행사인 나이팅게일 선서식을 했다. "나는 일생을 의롭게 살며, 전문 간호직에 최선을 다할 것을 하느님과 여러분 앞에 선서합니다." 간호사라면 반드시 지켜야 할 기본 덕목이자 앞으로 간호사로 살아갈 나 자신에게 하는 최초의 메시지였다. 곱게 다려진 분홍색 새 간호 학생 유니폼을 입고 양손을 모아든 촛불을 경건하게 바라보며 가슴이 벅차올랐다. 내게도 꿈이 생겼다.

'멋진 간호사가 되자.'

간호대학에 다니는 사람들은 '대학 생활이 고등학교의 연장선 같다.'라는 말을 흔히들 한다. 수강 신청을 통해 개개인이 자신의 시간표를 갖는 일반 대학생과 달리 간호학과 시간표는 아침 9시부터 저녁 5시까지 빡빡하게 짜여서 제공됐다. 가끔은 점심밥을 먹을 시간이 없을 정도로 수업에 치여 바빴지만 배우는 게 좋아서 힘든 줄도 몰랐다. 고등학교 때 못했던 공부를 이제야 제대로 하고 있다는 생각이 들었다. 드디어 내게 맞는 옷을 입은 기분이 들었다. 학창 시절부터 이 길에 뜻을 품었던 것은 아니었지만 뜻하는 곳에 길이 있다는 말을 믿었다. 뜻을 품으니 매 순간 뜻밖의 기적이 벌어졌다.

4

해야 했던 공부 vs 하고 싶은 공부

올 수가 쏘아 올린 작은 공

나는 작은 산골 마을에서 나고 자랐다. 학교는 작은 발로 걸으면 1시간은 족히 걸리는 거리에 있었다. 그래서 사교육이라고는 과수원 일로 바쁜 부모님을 대신해서 마을 구석구석 순회하며 차를 태워 줘서 다닐 수밖에 없었던 영수학원이 전부였다. 물론 더 선택할 수 있는 사교육이래 봤자 피아노, 태권도, 눈높이 영어뿐이었다.

초등학교 고학년일 때 친구네 집에 놀러 간 적이 있었다. 교회에서 오랫동안 반주를 했고 콩쿠르도 나가고 했던 친구가 피아노를 치는 예쁜 모습을 봤다. 그때 처음으로 나도 피아노를 배우고 싶다고 생각했다. 하지만 넉넉지 않은 가정 형편에 부담이 될까 봐 부모님께는 말씀드리지 못했다. 어릴 때 기억이 남아서인지 지금까지도 피아노를 잘 치는 사람을 보면 부러운 마음이 든다. 하지만 부모님을 원망하지는 않았다. 내가 투정을 부린다고 갑자기 없는 돈이 나오는 게 아니고 부모님의 마음만 아프게 한다는 것을 일찍이 깨달았다. 누굴 탓하거나 상황을 비관하는 건 내게 아무 도움도 되지 않는다는 사실을 말이다. 조금은 부족한 환경 덕분에 나는 남들보다 빨리 스스로 공부하는 방법을 찾았고 공부에 대한 자신감도 생겼다. 내 힘으로 통제할 수 있는 것에 집중한 것이다. 내가 가지지 못한 것을 동경하기보다는 내가 할 수 있는 것으로 나답게 나를 보여 주면 되는 거다.

내가 초등학교 다닐 때까지만 해도 학업성취도를 수우미양가로 평가 받았다. 아빠는 늘 "성적표에 '올 수'가 아니면 집에 들어오지도 말라."라고 할 정도로 장녀인 나에게만은 유난히 엄격하셨다. 아빠가 나를 성적으로 압박할수록 배우지 못한 당신의 설움을 나에게 투사한다는 생각이 들어 억울할 때도 있었다. 왜 올 수를 맞아야 하는지도 모른 채 나의 목표는 항상 올 수를 향해 있었다. 어쩌면 아빠는 학교 제도 속에서 전형적인 성공 신화에 빠져있었던 것 같다. 1등을 해야지 성공한 사람이 될 수 있다는 식의 오류 말이다.

방학식 날이 되면 성적표를 받고 혼날까 봐, 진짜 집에 못 들어갈까 봐 무서웠다. 그래서 더 열심히 공부하고 진지하게 시험에 임했다. 비록 아빠가 만들어 준 목표긴 했지만, 목표가 가지는 힘은 대단했다. 공부하는 데 있어서 학습 동기가 가장 중요한 부분인데 적어도 난 공부해야 한다는 충분한 동기를 갖게 된 것이다. 그래 봤자 학기 말 성적표가 결승점이지만 책상 앞에 앉아서 빽빽하고 작은 글씨들을 보고 또 볼 수 있는 엉덩이 근성이 만들어졌다. 서당 개 3년이면 풍월을 읊는다고 공부하다 보니 요령도 생겼고, 유레카의 기쁨을 느끼는 순간도 점점 늘어갔다. 이유가 어쨌건 결국 나에게 돌아오는 장점들이 많았다. 학교생활을 적극적으로 하고 수업 시간에 농땡이 부리지 않고 잘 듣고 질문에 대답만 잘해도 선생님들께서 이뻐해 주셨다. 눈에 띄는 학생이 되니 학급 반장에도 여러 번 뽑혔고 성적은 자연스럽게 잘 나왔다.

나만의 경쟁, 어제의 나와의 승부

어린 시절 경험을 통해 나는 깨달았다. 가정의 경제적 상황이나 부모님의 양육 태도 같은 주어진 환경은 절대적인 걸림돌이 되지 않는다. 꿈의 열쇠는 나 자신에게 있다. 지금 이 자리에서 내가 '어떤 목표를 가지고 어떤 마음가짐으로 어떤 행동 과정을 거치는지'가 내 앞길을 결정한다.

몇 해 전 재미있게 보았던 리얼리티 군대 예능 중에 〈강철부대〉가 있다. 국내 최강 특수부대 출신의 일반인들이 나와 특수임무로 토너먼트식

시합을 벌이는 방식이었다. 결승전을 눈앞에 둔 4강전에서 해난구조전대(SSU)는 대결할 때마다 연패했던 제707특수임무단(707)과 다시 만나게 되었다. 칼을 갈고 나온 SSU 대원이 이번만큼은 "반드시 이긴다."라고 각오를 다지자, 707대원은 말했다. "우리는 항상 자신과의 싸움을 해왔고, 자신과 싸움에서 이기면 상대가 누가 됐든 반드시 승리하기 때문에, 이번에도 반드시 승리하겠다." 707대원의 당찬 각오는 극도로 경쟁을 강조하는 사회에서 가져야 할 자세이기도 했다. 우리는 10년 넘게 학교에 다니며 비교당하고 경쟁을 통해 누군가를 이겨야 성공할 수 있다고 배운다. 하지만 나는 나를 뛰어넘어 잠재력과 가능성을 인정받는 것이 훨씬 더 의미 있다고 생각했다. 나는 공부를 하며 나만의 목표를 달성하고 싶었고 나 자신과의 약속을 지켜 내고 싶었다.

대학 시절 나의 라이벌은 전교 1등도 아니고 같은 반의 친구도 아니었다. 오직 나의 비교급은 '지난 학기의 나'이자 '어제의 나'였다. 매 학기 초가 되면 지난 학기 학점을 기준으로 이번 학기의 목표 학점을 정했다. '이번 학기에 1등을 하자.'가 아닌 '이번 학기에 학점 4.2를 받자.'가 나의 목표였다. 포스트잇에 네임펜으로 크게 써서 책상 앞에 붙여 뒀다. 책상에 앉을 때마다 수시로 보면서 지금 공부를 해서 얻고자 하는 것이 무엇인지를 명확히 상기했다. 1등을 목표로 하면 경쟁 속에서 불안해지고 누군가를 이겼을 때만 성취감을 느낄 수 있다. 하지만 내가 만든 목표는 외부의 누군가가 아닌 나 자신과의 싸움이기 때문에 통제하기가 훨씬 쉬웠다. 또 학점 4.2점이라는 구체적인 수치는 한 학기에 배우는 과목 하나하나를 허투루 여기지 않게 했고, 전체적인 학습계획을 짤 때 큰 도움이 됐다. '어제의 나'라는 라이벌 덕분에 조금씩이지만 성장할 수 있었고 앞으로 나아갈 수 있었다.

꿈을 이루는 것에는 긴 호흡이 필요하기에 단기에 달성할 수 있는 목표를 먼저 공략하는 것이 중요하다. 목표는 막연한 꿈을 구체적으로 만들어 주고 나아갈 길을 보여 주는 나침반이다. 목표를 달성하는 것은 결승점이 있는 레이스여서 멘탈 관리에 효과적이다. 나는 공부하는 사람에게 가장 중요한 것이 '강인한 멘탈'이라고 생각한다. 내가 생각하는 강인한 멘탈은 외부의 조건에 흔들리지 않고 목표만을 위해 꾸준히 관심을 가지고 매달릴 수 있는 열정이다. 어제의 나보다 성장할 수 있는 목표를 세우고 하나씩 달성해 나가는 즐거움을 느끼면 더 열심히 공부할 힘이 생긴다. 남이 아닌 나와 선의의 경쟁을 해 보는 건 어떨까.

5

꿈의 안내자와의 아름다운 동행

꿈을 이루는 공식

대학을 다니며 내 삶에 많은 변화가 생겼다. 간호학은 어디로 가야 할지도 모르는 채 비상하고만 싶어 했던 내게 날개를 달아 주었다. 공부하면 할수록 간호의 세계로 더 깊이 빠져들었다. 멋진 간호사이자 젊고 전도유망하셨던 지도교수님의 모습을 보며 닮고 싶어졌고, 처음으로 서울대병원에서 일하고 싶다는 장기목표가 생겼다. 선명한 미래를 꿈꾸기 시작했고 이루고 싶어졌다.

이지성의 『꿈꾸는 다락방』에는 R=VD라는 꿈을 이뤄 주는 공식이 나온다. 작가는 꿈이 눈에 보이게 하고, 꿈꾸는 장소로 가고, 꿈을 말하는 것이 꿈을 현실화해 준다고 말한다. 내 삶 속에도 R=VD가 들어왔다. 구체적으로 꿈꾸니 삶 전체가 꿈을 따라 움직였다.

세 가지 꿈의 안내자

누구나 꿈꾸지만 오랫동안 지켜 내기는 쉽지 않다. 깊은 잠을 자다 깼을 때, 선명히 기억났다가도 몇 초 사이에 사라지고 마는 꿈처럼 느껴질 때도 있다. 또 장밋빛 꿈과는 차원이 다른 팍팍한 현실을 살다 보면 꿈은 어느새 뒷전이 되기 십상이다. 꿈이 뇌리에서 사라지지 않게 잡아 두고 인고의 시간을 오롯이 이겨 내야만 꿈에 가까워질 수 있다. 끝까지 꿈을 지키기 위해서는 꿈의 안내자가 필요했다. 내가 경험한 세 가지 '꿈의 안내자'는 나를 깨어 있게 하는 트리거(Trigger)가 되어 주었다.

지칠 때마다 마음을 다잡게 해 준 첫 번째 꿈의 안내자는 확언 안내자이다. 루이스 헤이의 『나는 할 수 있어』에서 확언이란 말을 처음으로 알게 되었다. 확언은 내가 하는 생각이나 말이다. 평소 내가 하는 확언이 삶을 긍정적이거나 부정적인 방향으로 움직이게 한다는 것이다. 부정적인 생각을 긍정적인 생각으로 바꾸면 삶이 점점 풍요롭게 더 좋은 방향으로 흘러가게 된다. 대학 시절, 긍정 확언은 내가 흔들리지 않고 앞으로 나갈 수 있게 해 준 등불이었다.

지긋지긋한 수능에서 벗어나 갓 20살 성인이 되어 대학에 가면 캠퍼스의 낭만을 즐기고 싶어진다. 하지만 보통의 대학 학부생과는 달리에 간호 학생은 자의 반 타의 반 고등학생처럼 공부해야 한다. 학부 성적이 바로 취업으로 연결되고, 1학년 때 성적은 교직 이수 자격의 기준이 되기 때문이다. 치열한 경쟁 속에서 나를 지켜 준 것이 긍정 확언이었다. 부족함이 느껴지고 뒤지는 기분이 들 때도 내 능력을 의심하지 않고 나는 할 수 있다고 항상 되뇌었다. 또 꿈의 병원을 정하고 소속된 나의 모습을 머릿속으로 그렸다. 책상 앞에 꿈의 병원을 써 놓고 공부할 때마다 보며 나는 꿈의 병원 간호사가 될 거라고 나 자신에게 말했다. 별거 아닌 것 같은 단순한 행동이었지만 효과는 굉장했다. 꿈이 정말 현실로 가까워지고 있었다.

공부하는 게 외로울 때마다 내게 잘하고 있다고 다독여준 두 번째 꿈의 안내자는 지지 안내자이다. 지지한다는 것은 쓰러지지 않고 버틸 수 있게 도와주는 것이다. 지지받으면 다시 일어나 앞으로 나아갈 힘이 생긴다. 감사히도 내 주위에는 날 지지해 주는 피그말리온이 많았다. 피그말리온은 자신이 만든 여인상 갈라테이아를 사랑했다. 아프로디테는 피그말리온의 지고지순한 사랑에 감동해 조각상에 생명을 불어넣어 주었다. 누군가를 위해 잘 되길 간절히 원하고 바라는 마음은 그 사람을 살게 한다. 꾸준한 기대와 관심을 받는 것은 꿈같은 일도 현실이 되도록 돕는다.

나는 대학에 가서 첫 은사님을 만났다. 20대 초반 어린 내 눈에 비친

지도교수님은 멋진 커리어우먼이자 전문가였고 좋은 와이프이자 따뜻한 엄마였다. 교수님을 보면서 나도 교수님처럼 될 수 있을까 생각했던 적이 있다. 나의 롤모델이 된 교수님께 관심을 받고 싶었다. 그래서 더 열심히 공부하고 더 열심히 질문하고 더 열심히 수업을 듣고 더 열심히 살았다. 1학년 첫 학기가 지나 성적이 나오고 교수님과 개인 상담을 하게 됐다. 교수님께서는 "이번에 1등 했더라? 공부 열심히 했구나." 하시며 날 보며 웃으셨다. 그때 세상을 다 얻은 기분을 들었다. 그 이후로도 교수님께서는 학기말 고사가 끝나면 나를 불러 '이번엔 어땠구나.' 하시며 나를 응원하고 격려해 주셨다. 교수님께서 내가 걸어가는 길을 지켜보고 계신다고 생각하니 기대에 부응하고 싶었다.

두루뭉술하게 꾸던 꿈을 또렷하게 보여 준 세 번째 꿈의 안내자는 정보 안내자이다. 가고자 하는 길에 대한 눈에 보이는 구체적인 상황과 자료는 꿈을 이루기 위한 청사진이 된다. 요즘엔 정보를 얻을 수 있는 통로가 참 많다. 간호사의 일과를 웹툰으로 그려 연재하는 간호사도 있고, 간호하면서 겪은 일들을 글로 써서 책으로 출판하는 간호사도 있다. 간호사를 꿈꾸는 학생들에게 유용한 정보의 종류도 참 다양하다. 간호사 취업 정보, 자주 틀리는 국가고시 문제, 신규간호사가 알아야 할 꿀팁, 간호 학생이 알면 좋은 것들 등등 깨알 정보들을 쉽게 얻을 수 있다.

내가 대학을 다니던 2000년대 초반은 스마트폰은 물론이며 인스타그램, 유튜브 같은 SNS 채널이 전무 했던 시절이다. 당시에도 정보의 바다라고 불리는 인터넷은 있었지만, 지금처럼 실시간으로 생생한 직업 정보가 활어처럼 쏟아지진 않았다. 난 주로 TV 속에서 정보를 얻었다. 대학 시절 인상 깊게 봤던 미국 드라마가 있었다. 바로 '그레이 아나토미' 시리즈였다. 내가 대학을 다닐 때 1탄이 나오면서 한창 선풍적인 인기를 끌었던 의학 드라마다. 대학 2학년 때 친구 맹과 자취했는데, 자취방엔 TV가 없었기에 드라마를 보지는 않았다. 그런데 주말, 목욕탕에 갔다가 우연히 그레이 아나토미를 보게 된 것이다. 미국의 병원에서 벌어지는 에피소드라는 점에 관심이 생겨서 넋 놓고 보다 보니 엔딩 크레디트(Ending credit)가 올라가고서야 자취방으로 돌아올 수 있었다. 그 후 주말마다 묵은 피로도 풀고 그레이 아나토미도 보려고 사우나를 가곤 했다. 병원에서 환자를 돌보며 부딪히는 다양하고 흥미로운 의료 상황들과 삶과 죽음의 현장 속에서 고뇌하는 인간적인 의료진의 모습을 보며, 나도 미래에 친근하고 인간미 넘치는 간호사가 되고 싶다고 생각했다.

꿈의 안내자는 내가 꿈꾸는 걸 지속하도록 지켜 주었다. 수업과 실습을 오가는 팍팍한 간호 학생의 생활 속에서도 잘 해낼 수 있다고 나 자신에게 말했다. 나를 믿어 주는 사람들의 기대에 부응하려고 외유내강하며 혼신의 힘을 다했다. 이론을 넘어 현실로 이어지는 직업과 관련된 정보에 관심을 가지며 꿈의 씨앗을 키워 나갔다. 순간순간을 생각하면 제자리걸음만 하는 것 같았지만 지나고 보면 나도 모르는 사이 출발선에서 멀찌감치 와 있을 때가 많았다. 간호대학에서 얻은 삶의 진리는 10여 년이 훌쩍 지난 지금도 여전히 무거워지는 내 발걸음을 가볍게 해 준다. 자신이 진정 원하는 것이 무엇인지 찾았다면 꿈의 안내자를 따라 꿋꿋하게 전진해 보는 건 어떨까.

6

나만의 용문서를 펴다

공부의 왕도를 찾아라

나의 학습전략은 대부분이 대학 시절에 만들어졌다. 학습전략은 외부의 정보를 받아들이고 익혀서 온전히 나만의 것으로 소화하는 요령이다. 학습전략은 공부 전략으로 발전한다. 나는 굳이 학습과 공부를 구분해서 말하고 싶다. 학습은 지식을 외워서 인출하기 위한 과정이라면 공부는 마음을 채우고 자기 성찰하는 과정이기 때문이다. 나는 고등학생 때 나만의 학습전략을 계발하지 못했다. 대학생이 되어서야 나만의 학습전략을 가질 수 있었고 공부하는 즐거움을 알게 되었다. 전공에 대한 호기심은 세상에 대한 호기심으로 번져 나갔고, 더 나은 사람이 되고 싶은 욕구도 커졌다.

영화 〈쿵푸팬더〉에는 '이기는 비법이 담겨 있다.'는 용문서가 나온다.

타이렁과의 결투에서 이긴 팬더 포가 용문서를 펼쳐보고는 말한다. "아무것도 없잖아." 결국 싸움에서 이길 수 있는 비법은 애당초에 없던 것이다. 내가 가진 전략이 특별하다고 믿는 것이 백전백승의 길이다. 가장 중요한 것은 자기 자신에 대한 믿음이다. 둔한 몸을 가진 포가 아무도 예상치도 못했던 용의 전사가 될 수 있었던 이유는 포기하지 않고 남들과는 다른 자신에게 맞는 수련법으로 훈련했기 때문이다. 공부의 왕도는 전략적 실행에 있다. 다양하게 시도하고 부딪혀서 나에게 맞는 학습전략을 찾는 사람만이 용의 전사가 될 수 있다.

2000년대 초반 EBS에서 〈공부의 왕도〉라는 프로그램을 방영한 적이 있다. 전국에서 최상위권 성적을 유지하거나 국내 유수 대학에 입학한 학생들의 다양한 공부법을 보여 줬다. 주인공들은 자신에게 맞는 학습전략을 찾고 집중하면 공부의 신이 될 수 있다고 말한다. 맹점은 남들에게 최적의 방법일지라도 나에게 딱 맞는 처방은 아니라는 것이다. 그래서 공부에는 시행착오와 끈기도 필요한 것이다. 공부의 왕도는 만약 내가 중고등학생 때 그들처럼 나만의 공부 치트 키(Cheat key)를 찾았다면 지금 어떻게 달라졌을까 상상하게 했다. 그들보다 조금 늦었지만 20대 초반이 되어서라도 배우는 즐거움을 알게 되어서 다행이다.

전략이 필요해

학교라는 공교육 안에서 학생을 평가하는 기준은 한 가지뿐이다. 누가 얼마나 틀리지 않고 정확하게 기억해내고 응용할 수 있느냐이다. 학습은 단순히 머리가 좋다고 되는 것이 아니다. 학습은 전략이 필요하다. 대학에서 만난 간호학은 암기할 것이 실로 방대했다. 의학 용어, 해부학, 생리학, 병리학 등등에서 쏟아지는 생소한 용어들부터 시작해서 의학적 처치, 간호 수기의 과학적 근거까지 외워야 하는 건 간호 학생의 기본이었다. 다 올바르게 숙지해야 비로소 환자 앞에 서는 간호사가 될 수 있다. 매일 같이 쏟아지는 공부량은 하드커버 두꺼운 전공서의 무게만큼 내 마음도 무겁게 했다. 나에게도 전략이 필요한 순간이 필연적으로 왔다.

대학 시절 큰 효과를 봤다고 믿는 나만의 학습전략이 몇 가지 있다. 나의 첫 번째 학습전략은 수업 전 아침 예습과 방과 후 복습이다. 학생으로 살면서 진부하게 느껴질 정도로 흔히 듣는 잔소리지만 내겐 제일 중요한 학습 습관이었다. 대학 시절 나의 하루는 새벽 6시에 시작됐다. 일찍 일어나서 세수와 양치만 간단히 하고 정신이 들면 바로 책상에 앉았다. 누가 시키지는 않았지만 그래야 한다는 무언의 의무감으로 몸이 저절로 움직였던 시절이다. 왜냐하면 내게는 목표가 있었으니까. 아침 시간에 한 일은 당일에 배울 부분을 차분하게 미리 1회독하는 것이었다. 읽다가 궁금한 부분과 이해가 안 되는 부분이 나오면 포스트잇을 붙이고 내 말로 질문을 써 놓았다. 하루 동안 평균적으로 서너 과목의 수업이 있으니 전공서를 읽고 질문을 하다 보면 금방 아침 시간이 흘러갔다.

　학교에 가려면 친척 집에서 학교까지 1시간 반 정도 버스를 타고 시내 투어를 해야 했다. 아침 9시에 시작되는 1교시 전까지 가려면 아침 7시 반에는 버스를 타야 하니 아침 1시간은 공부를 하고 30분 정도는 학교 갈 준비를 할 수 있었다. 긴 버스 여행을 하면서 쪽잠을 자며 졸음을 달래기도 하고 전공서를 다시 여러 번 읽기도 했다. 강의는 아침 예습에서 발견한 질문의 정답을 하나씩 찾아가는 시간이었다. 궁금증을 해결하고 교수님들과 소통하는 수업 시간이 즐거웠다. 적극적인 학습자가 될 수밖에 없었다.

　수업을 듣다가 더 알고 싶은 것이 생기면 방과 후에 학교 도서관에 가서 다른 전공 서적을 찾아보고 부족한 부분을 채웠다. 이해가 안 되는 부분은 교수님을 직접 찾아가 여쭤보았다. 학생이니까 모르고 어려운 것은 당연하니 결코 부끄럽게 생각하지 않았다. 모르고 그냥 넘어가는 게 더 부끄러웠다. 그날 배운 것은 웬만해선 그날 정리하고 넘어가려고 노력했다. 누군가 대학 시절 무거운 전공서를 낑낑대며 들고 다니는 내 모습을 본다면 미련하다고 말할지도 모른다. 하지만 난 내 열정의 무게가 자랑스럽게 느껴졌다.

나의 두 번째 학습전략은 작은 수첩이다. 매 학기가 시작될 때면 손바닥 크기의 작은 수첩을 하나씩 샀다. 최대한 작은 수첩을 산 것은 휴대성이 좋아서 항상 몸에 지니고 다니기 쉽기 때문이었다. 수첩의 가장 앞 장에는 수업시간표를 예쁘게 만들어 붙였다. 수첩을 두 부분으로 갈라 나눠 앞쪽은 알림장, 뒤쪽은 복습 노트로 사용했다.

먼저 알림장은 나만의 비서였다. 초등학교 다닐 때나 사용하던 알림장이 굳이 대학생에게 왜 필요한가 싶을 수도 있다. 내가 대학을 다니던 시절에는 스마트폰이 없던 호랑이 담배 피우던 시절이었다. 요즘 같았으면 스마트폰 일정 관리 앱에 착착 적었겠지만 그럴 수 없었던 때인지라 나는 모든 일정을 아날로그식으로 작은 수첩에 기록했다. 공부해야 할 것이나 챙겨야 할 과제, 수업 중에 생각난 찾아볼 것, 교수님들께서 하신 주옥같은 조언, 나에게 하는 다짐, 내가 한 실수를 알림장에 적었다. 손으로 직접 기록했기 때문에 뇌의 망각을 막을 수 있었다. 또 할 일들의 데드라인(Deadline)을 넘기지 않고 챙길 수 있었다. 하나씩 미션을 해결해 가며 줄을 쭉쭉 긋는 재미도 있었다.

다음으로 복습 노트는 나만의 암기 노트였다. 반드시 외워야 하는 부분이 있으면 교과서를 그대로 50~70% 축소 복사하거나 A4 한 장으로 직접 정리해서 축소 복사했다. 그리곤 수첩에 붙여서 버스를 기다리거나 쉬는 시간 등 자투리 시간에 수시로 보았다. 눈에 자꾸 바르다 보니 외계어 같았던 말들이 점점 익숙해졌다. 또 내 말로 다시 정리한 것이라서인지 그대로 사진을 찍은 듯이 뇌리에 와서 박혔다. 작은 수첩은 나에게 완벽한 학습 도구였다. 단돈 1,500원을 주고 산 작은 수첩이 나에게 몇백만 원의 등록금을 해결하게 해 주었으니까 말이다.

나의 세 번째 학습전략은 프레임웍(Framework) 만들기다. 프레임웍은 뼈대 즉 골격을 뜻한다. 책에서는 목차와 같다. 책에 포함하고 있는 내용들을 상·하위 요소에 따라 일목요연하게 보기 쉽게 정리해 놓은 것이다. 나는 복습을 할 때 백지를 꺼내 들고는 프레임웍을 만들었다. 큰 숲과 작은 나무들을 동시에 볼 수 있는 전략이다. 예를 들어, 당뇨병은 아는데 당뇨병이 내분비계 문제로 인해 생기는 질병이고 성인 간호학의 한 부분이란 걸 모른다면 여행 중이긴 한데 내가 어디에 있는지를 모르는 것과 같다. 지금 가는 방향이 맞는지 길을 잃지 않게 도와주는 것이 프레임웍이다.

내가 한 구체적인 방법은 전공서를 펼쳐서 목차를 그대로 옮기고 꼭지별 키워드, 중요하다고 생각하는 내용이나 수업 중 들었던 예시를 쓰는 것이다. 나만의 전공서 지도를 그리는 과정이다. 쓰고 지우고 채우고를 반복해서 만든 나만의 프레임웍은 내 머릿속에 한 장의 사진처럼 선명하게 박힌다. 프레임웍이 중요한 이유는 메타인지와 관련이 있다. 메타인지는 내가 무엇을 아는지 모르는지 아는 것이다. 누군가가 내게 '항상성'이 뭐냐고 물었을 때 막힘없이 술술 설명할 수 있다면 나는 생리학의 기본인 항상성에 대해서 정확하게 인식한 것이다. 만약 머릿속에 막연하게 알긴 알 것 같은데 입 밖으로 답이 나오지 않는다면 알고 있다고 착각하는 것일 뿐 모르는 것과 매한가지다. 메타인지가 높을수록 학습효과는 높아진다. 내가 모르는 부분을 명확히 알고, 부족한 부분에 더 집중할 수 있으니까 말이다. 프레임웍 만들기는 대학 시절 친한 친구에게도 추천한 적 있었던 방법이다. 신기한 건 이 방법으로 친구의 성적이 올랐고 우리는 함께 놀랐던 기억이 있다.

학습에 대한 자신감은 자신만의 노하우에서 나온다. 학습전략은 노하우다. 방법을 아는 것이 관건이다. 나도 고등학생 때까지 10년을 넘게 방법을 몰라서 수없이 방황하고 뜬구름 잡는 식의 공부를 했다. 노하우를 찾으면 저절로 나에 대한 믿음이 생긴다. 눈 딱 감고 다양한 학습법을 한번 따라 해 보고 내 것으로 만들어 보길 추천한다. 나만의 학습전략을 갖는다는 것은 맨몸에다가 하늘을 날 수 있는 날개를 다는 것과 같으니까 말이다.

7

간호학과의 꽃, 병원 임상 실습

병원으로 간 간호 학생

간호 학생이라면 피해 갈 수 없는 것이 있다. 바로 병원 임상 실습이다. 간호이론을 배웠다지만 아무것도 모르는 생초짜 간호 학생이 실습 나가도 실제로 할 수 있는 건 활력징후(혈압, 맥박, 호흡, 체온) 측정 정도다. 활력징후라도 시켜 주면 그나마 막중한 책임감을 부여해 준 것이다. 대부분은 간호사님 뒤를 졸졸 따라다니며 병풍처럼 서 있는 게 전부다. 가끔 그렇게 멍하니 서 있다 보면 '난 누구, 여긴 어디?'라는 생각이 들 때도 있다. 그래도 간호학과의 꽃은 뭐니 뭐니 해도 임상 실습이 아닐까.

학생 간호사복을 입고 가천대 길병원으로 실습을 나갔던 첫날을 기억한다. 10년도 훨씬 지난 일이라 어느 파트 병동이었는지는 가물가물하다. 하지만 그날의 느낌만은 선명하다. 데이 근무에 투입이 됐는데 예의를 차린다고 1시간이나 일찍 병동에 도착했다. 얼마나 긴장했는지 빈속인데도 소화가 안 돼서 더부룩함이 하루 종일 날 괴롭혔다. 그렇지만 나도 뭔가 된 듯해서 기분이 들떴다.

3년 동안 모교 병원인 길병원의 다양한 성인 병동, 신생아 중환자실, 응급실, 여성병원의 분만실, 종합병원의 수술실, 정신병원의 폐쇄병동, 보건소, 초등학교의 보건실 등등 수많은 분야로 임상 실습을 나갔다. 임상 실습은 병원 현장을 대리 경험할 수 있는 절호의 기회이다. 의사들이 인턴으로 여러 파트를 경험하는 것처럼 간호사들은 간호 학생 때 여러 파트를 경험한다. 간호 학생들이 병원에 입사해서 임상 일을 배운다고 생각하지 말았으면 좋겠다. 간호대학 임상 실습 때 간호사들이 하는 처치를 눈여겨보고 충분히 탐색하고 공부하는 시간을 가지는 것이 중요하다. 그래야 수많은 간호 현장 중 내가 원하는 곳이 어딘지 알 수 있으니까 말이다.

임상 실습에 임하는 간호 학생이 가져야 할 세 가지 자세

임상 실습을 할 때, 간호 학생이 가져야 할 자세가 있다. 임상 수기들을 관찰하며 자신에게 질문을 하는 습관이다. 간호 학생들이 간호행위를 관찰하는 것을 옵져베이션(Observation)이라고 흔히 부른다. 간호사 옆에 가만히 서서 주사를 놓는 방법이나 환자에게 무슨 말을 하는지 명하니 직관적으로 보는 것은 옵져베이션이 아니다. 그건 그냥 구경하는 거다. 그럼 도대체 무얼 어떻게 보라는 것인지 궁금할 수 있다. 간호대학에서 배우고 습득한 간호지식이 병원 현장에서는 실제로 어떤 방식으로 적용되고 있는지 사례를 하나씩 찾아보는 것이다.

그러다 보면 자연스럽게 질문이 생기게 된다. 예를 들면, 암 환자를 간호하는 병동에 실습을 나갔다고 치자. 암 환자들은 보통 항암치료를 위해 병원에 입원하는 경우가 대부분이다. 이 환자들에게 가장 중요한 것은 항암제 부작용을 간호하는 것이다. 암 환자를 위해 간호사가 시원한 음식을 먹게 한다거나 입에 얼음을 물고 있게 하는 모습을 관찰했다. 간호 학생이 보면 '왜 시원한 음식을 먹게 하지?' 싶은 생각이 들 수 있다. 이게 바로 스스로 질문을 하는 것이다. 이럴 때 간호 학생은 간호사에게 직접 물어볼 수 있고, 따로 전공서를 찾아볼 수도 있다.

항암치료의 가장 흔한 부작용은 구내염인데 차가운 얼음은 항암제에 의해 구강 점막 세포가 손상되는 걸 예방하는 데 효과적이다. 이러한 과학적인 근거가 있는 간호행위라는 것을 알게 되면 자연스럽게 이론과 실제가 합체되는 경험을 하게 된다. 그러다 보면 어느 순간 병원에서 바쁘게 움직이는 간호사들이 하는 처치의 흐름이 눈에 보이고 흥미로운 광경으로 바뀐다. 관찰력의 향상은 통찰로 이어진다. 질문관찰은 적극적인 관찰이고 주체적인 관찰이다. 관찰을 통해 생긴 질문의 답을 찾아가다 보면 임상 실습을 즐겁게 할 수 있다. 다시 말하지만, 질문이 없는 관찰을 한다면 간호 학생이 아닌 구경꾼이랑 다를 바 없다.

　임상 실습을 할 때, 간호 학생에게 또 하나 필요한 자세는 적고 또 적는 습관이다. 대부분의 간호 학생처럼 나 또한 실습할 때 작은 수첩과 삼색 볼펜을 필수적으로 장착하고 있었다. 공부용 수첩은 손바닥 크기였다면 실습용 수첩은 그보다 1/2 정도 더 작은 수첩을 이용했다. 이유는 단순하다. 실습복 주머니에 쏙 들어가야 하니까. 왼쪽 주머니에는 수첩을 오른쪽 주머니에는 삼색 볼펜과 시저(의료용 가위)를 넣고 다녔다. 실습하는 내내 왼손에 든 수첩에다가 오른손에 쥔 볼펜으로 재빠르게 수시로 적었다. 간호사님이 지시해 준 환자의 활력징후 수치들, 병동에서 주로 쓰는 약물, 검사 전 처치와 후 처치, 간호사들이 환자들에게 하는 말, 환자들이 주로 하는 호소들 등등 별거를 다 적었던 것 같다. 실습하다가 궁금한 것이 생기면 다른 걸 하다가 생각이 안 날까 싶어서 바로 적어 놓고 나중에 찾아보기도 했다.

　수첩은 나만의 비망록인 셈이다. 절대 나의 기억을 온전히 믿어서는 안 된다. 눈으로 보거나 귀로 들은 정보는 시간이 지나면 모래사장 위에 쓴 글씨처럼 흔적만 남기고 사라지기 쉽다. 찰나의 순간에 일필휘지로 갈겨쓴 글씨라도 내가 직접 썼던 정보라면 이야기가 다르다. 나중에 다시 봐도 어떤 상황이었는지 자연스럽게 떠오르게 하는 단서가 되기 때문이다. 많이 적으면 적을수록 실습 현장의 잔상이 뇌세포에 많이 남는다. 실습에서 본 간호 현장의 기억들이 쌓이고 쌓이면 어느 순간 진짜 간호사라고 해도 어색하지 않을 것 같다는 자신감이 생긴다.

마지막으로 꼭 당부하고 싶은 것이 있다. 간호 현장에서 실습할 때는 적극적인 자세로 임했으면 한다. 간호사들은 분 단위로 할 일이 넘쳐 출근부터 퇴근 때까지 밥은커녕 화장실을 갈 시간도 없을 정도로 바쁠 때가 부지기수다. 그런 간호사들이 간호 학생까지 살뜰히 챙기며 환자를 간호하기는 쉽지 않다. 그 와중에도 투철한 책임감과 후배 사랑에 처치 하나하나를 할 때마다 목에 핏대를 세우고 설명해 주는 간호사도 있긴 하다. 하지만 그렇지 않은 경우도 흔해서 나도 임상 실습을 할 때 꿔다 놓은 보릿자루 같다고 느꼈을 때가 많았다. 그렇다 하더라도 간호 학생은 간호사와 환자 사이의 의사소통과 관계 맺음에 대해서 하나라도 더 배우기 위해 그 자리에 있다는 것을 잊어서는 안 된다.

나는 한 가지 추천을 하고 싶다. 환자들이 검사실 갈 때 동행하는 것이다. 병동마다 자주 하는 검사나 특수한 처치들이 있다. 소화기내과는 주로 위, 대장내시경을 하고, 정형외과는 CT, MRI를 주로 찍는 것처럼 말이다. 특정 질병 환자들이 주로 하는 검사가 어떤 건지 알아가는 건 꽤 좋은 수확이다. 간호사가 되어 병동에서 환자를 간호하다 보면 검사실을 가 볼 일이 거의 없다. 간호사는 주로 검사 전 처치와 후 처치하는 수준이다. 만약 검사의 진행 과정을 잘 알고 있다면 환자의 입장을 더 잘 이해할 수 있게 된다.

간호 학생 시절, 배뇨장애 할머니를 모시고 방광경 검사를 따라간 적이 있었다. 방광경 검사는 요도를 통해 내시경을 삽입하여 방광의 이상 여부를 눈으로 직접 확인하는 검사이다. 산부인과 의자같이 생긴 검사대에 앉아 하반신을 스크린으로 가리고 검사가 진행됐다. 난 머리맡에 서서 할머니의 손을 잡고 있었는데, 주름진 할머니의 손이 바들바들 떨리고 있었다. 70년 긴 세월 겪은 풍파도 방광경 검사의 두려움을 이기지는 못하는 모양이었다. 지금도 난 하얗게 질린 할머니와 함께했던 방광경 검사의 기억을 잊지 못한다.

그날 검사실에 따라가지 않았다면, 방광경 검사는 그저 방광을 내시경으로 직접 보는 검사라는 정도로만 내 머릿속에 감정 없는 지식으로 남았을 거다. 오감으로 보고 듣고 만지고 느낀 경험을 했을 때 비로소 무미건조한 지식에 살아 숨 쉬는 감정이 실린다. 환자가 검사를 갈 때, 간호사님께 "선생님, 저도 같이 가서 옵져베이션 하고 와도 될까요?" 하고 먼저 물어봐라. 못 따라가게 하는 간호사는 아마 없을 거다. 간호 학생이 귀찮아서라기보다는 열심히 하는 모습이 보기 좋아서라도 말이다.

요즘에도 한 번씩 대학 병원에 가면 간호 학생들이 실습하고 있는 모습을 종종 본다. 약속이나 한 듯 망에 머리칼을 넣어 고정한 머리에 단정한 실습복을 입은 채 좌불안석 서성이는 어린 친구들을 보면 오래전 내 모습이 떠오른다. 괜스레 안쓰럽고 반가운 마음에 오지랖을 부리고 싶어지는데 그냥 참는다. 임상 실습을 하다 보면 갓 20살을 넘긴 어린 나이에 겪기엔 힘든 일도, 어려운 일도, 무서운 일도, 신기한 일도, 슬픈 일도, 안타까운 일도, 역겨운 일도, 억울한 일도 참 많다. 하지만 누구나 처음이 있듯이 세상 능숙해 보이는 간호사들에게도 올챙이 시절이 있었다는 점을 기억했으면 좋겠다. 생소한 경험들도 켜켜이 쌓이다 보면 어느새 간호사다운 간호사가 되어 있을 거란 걸 기억하자.

8

우연이 아닌 선택, 간호학과 학생회

겁 없는 시골뜨기 과 대표

3월의 초입, 추위가 매섭게 기승을 부리던 날 대학 캠퍼스에 첫발을 디뎠다. 학교 대강당에는 입학생 전체가 우글우글 모여 있었다. 지금 입학식을 생각하면 떠오르는 건 왠지 모르게 서글펐던 기억뿐. 형식적인 입학식이 끝난 후 새터 모임에서 만나 이미 친해진 학생들이 삼삼오오 모여 강의실로 이동했다. 당시 우리 과는 250여 명의 동기생이 있었기에 6개 반으로 나뉘어 운영됐다. 나는 D반에 배정됐다. 나를 간호학과로 인도해 주었던 고마운 친구 맹은 B반이 됐다. B반은 우리 반과 실습과 강의를 엇갈리게 해서 우리는 대학 생활 내내 학교에서 만나는 게 쉽지 않았다. 나는 홀로 D반으로 들어가서 내 번호에 앉았다. 강의실 안은 신입생의 열기로 시끌벅적했다. 그 속에서 난 아는 사람이 한 명도 없었고 시골에서 갓 상경해서 촌티를 아직 벗지 못해 순박한 모습이었다.

소란스럽고 낯선 강의실에서 처음 지도교수님과 만났다. 두 분의 지도교수님께서 학생들을 나눠서 지도해 주셨다. 나의 롤모델이 된 지도교수님과의 운명적인 만남이 이때부터 시작됐다. 교수님은 학과 생활에 대해 간단히 안내한 후, 학생들에게 질문하셨다. "혹시, 과대를 해 보고 싶은 학생 있나요?" 그런데 아무도 손을 들지 않았다. 교수님께서 한 마디 더 보태셨다. "과대를 하는 학생에게는 장학금이 나가는데요~" 나는 순간 생각했다. '이번에도 아무도 손을 안 들면 내가 들어야겠다.' 학교 다닐 때 학급 임원이나 서기를 종종 했던 나는 과 대표에 대한 거부감이 없었고, 장학금까지 준다고 하니 더할 나위 없이 좋은 기회라고 생각했다. 결국 아무도 나서는 사람이 없었고, 사투리 쓰는 시골뜨기는 조용히 손을 들었다.

그렇게 난 과 대표가 되었고, 과사무실에 제출할 과 대표 추천서에 사인을 받으러 교수님 연구실로 향했다. 교수님께 추천서를 드리니 교수님께서는 하던 일을 멈추시고는 추천 사유에 쿨하게 쓰셨다. '본인이 희망하여 추천합니다.' 내가 희망해서 과 대표가 된 건 지당하게 맞는 소리인데 얼굴이 화끈거렸던 것은 왜일까. 그 순간에 난 결심했다. '교수님께 추천해 주고 싶은 학생이 되자.' 장학금 이야기에 혹해서 우연히 과대가 되었지만, 결론적으로 보면 난 두 마리 토끼를 잡았던 셈이었다. 입학 첫날부터 제대로 동기 부여됐으니까.

학회장 한번 해 보지 않을래?

과 대표가 된 후, 교수님들과 가까이 지낼 수 있어서 좋았다. 공부하다가 궁금한 게 생기면 찾아가기도 다른 학생들에 비해 상대적으로 덜 어려웠다. 학과 사무실 드나들 일이 많아서 조교 선생님들과도 저절로 친해졌다. 과 대표의 가장 중요한 임무가 과제물을 걷거나 학습자료를 배부하는 일이기 때문에 자연스럽게 학교생활을 충실히 하게 되는 효과도 있었다. 하지만 그런 내 모습이 꼴불견이었는지 대놓고 시기하는 친구도 간혹 있었고, 질투 어린 시선을 받으며 힘들 때도 있었다. 혼자 보려고 유인물을 빼돌렸다는 말을 들었을 땐 정말 어이가 없었다. 난 결코 부정하게 공부하는 학생은 아니었다.

2학년을 앞둔 겨울 어느 날, 학회장 선배 언니가 놀라운 제안을 했다. "진주야, 너 학회장 한번 해 보지 않을래?", "제가요?" 선배 언니는 과 대표 중에 날 후임자로 생각하고 있었다. 내가 과연 800명 가까이 되는 대가족인 간호학과 살림을 책임지고 맡을 수 있을지 걱정이 됐다. 그러면서도 한편으로는 고마웠다. 1년이란 짧은 시간 함께했지만 나란 사람을 믿어준다는 것이 말이다. 언니는 적극적이고 존재감이 확실했던 나에게 평소 '왕 진주'라고 부르며 잘 챙겨주긴 했다.

내게 학회장 선배와는 다른 인연이 하나 더 있다. 학교생활뿐만 아니라 외부 활동도 활발히 했던 언니를 따라 청소년 참여위원회에서 인천시청소년 참여위원으로 활동한 적이 있었다. 그때 1박 2일로 청소년 정책 토론회에도 함께 갔다. 경기도까지 먼 길을 단둘이 버스도 타고 걸어도 가며 간호사 진로에 대한 많은 이야기를 나눴던 기억이 난다. 당시 해외 간호사를 꿈꾸던 언니가 멋져 보였다. 난 참여위원으로 했던 활동보다는 언니를 만나 병원 실습 이야기를 듣고 취업 이야기를 듣는 것이 더 좋았다. 이듬해 난 언니의 뒤를 이어 간호학과 학회장이 됐다. 과 대표를 하지 않았더라면 알지 못했을 세상에 눈을 떴다.

간호학과 학회 활동을 하며 꿈도 못 꾸던 동아리 활동에 대한 갈증을 채울 수 있었다. 간호학과는 다른 학과와 달리 학사일정이 빡빡하게 돌아가기 때문에 동아리를 병행하는 게 쉽지 않다. 물론 댄스 동아리를 하는 친구도 간혹 있긴 하더라. 하지만 대부분은 성적 관리를 하게 되는 게 간호학과의 자연스러운 분위기다. 그런 상황에서 학회 활동이야말로 간호학과에서 선후배와 소통하고 다양한 정보도 얻을 수 있는 최고의 동아리였다.

1년 동안 학회장을 하며 과 대표들과 함께 간호학과 최초로 1, 2학년 연합 MT를 추진하고, 후배들의 나이팅게일 선서식을 준비했다. 또 학교

축제에서 간호학과 건강 카페를 운영하고, 선배들의 간호사 국가고시 합격을 기원하는 행사를 진행했다. 서로 밀어주고 끌어 주는 선후배와 동기들이 있었기에 가능했던 일이었다. 돌이켜보면 참 신기한 경험이다. 어쩌다 간호학과에 온 내가 어쩌다 과 대표에 학회장까지 됐으니 말이다. 이 모든 것이 우연히 시작된 것처럼 보이지만 필연이 아니었을까 싶은 생각도 든다. '하늘은 스스로 돕는 자를 돕는다.'라고 하지 않았던가. 적막이 흐르던 강의실에서 용감하게 손을 번쩍 들었던 그 순간부터 내 운명이 그렇게 흘러가고 있었다.

9

반가워 빅3! 달콤 쌉싸름한 첫 만남

꿈의 병원을 탐방하던 날

우리나라에는 이른바 빅3(Big3)라 불리는 대형병원이 있다. 바로 서울 대병원, 서울아산병원, 삼성서울병원이다. 요즘은 세브란스병원, 서울성 모병원을 합해 빅5라 하기도 한다. 보건의료계열 직군의 전공자라면 누 구나 한 번쯤 위시리스트에 넣고 싶을 법한 직장이다. 사실 이름만 들어 도 알 법한 이런 큰 병원들은 어디라 할 것 없이 대동소이하게 좋은 곳들 이다.

서울대병원은 간호대학에 입학한 후 줄곧 나에게 꿈의 병원이었다. 그 래서 기회가 된다면 병원에 가서 간호사가 일하는 모습을 직접 구경하 고 싶었다. 의료진도 환자도 보호자도 아니지만 그냥 어슬렁거리며 보기 만 해도 기분이 좋을 것만 같았다. 졸업반이 되기 전 겨울, 그 계획을 실행에 옮겼다. 나의 'success mate'였던 갱 언니와 함께 서울대병원과 삼성서울병원 견학을 가기로 한 것이다. 언니와는 4살 차이인데 우리는 늘 좋은 영향력을 주고받았다. 언니 덕분에 간호대학의 치열한 학업 열기 속에서도 흔들리지 않는 꿈을 꿀 수 있었다. 언니와 약속을 잡고 난 후 며칠 전부터 설레서 잠이 오질 않았다. 인천에서 지하철을 타고 서울로 갔는데 우리는 한껏 들떠 있었다. 우선 서울대병원으로 갔다. 왜인지 문이 닫혀있어서 병원 안으로는 들어갈 수 없었다. 큰맘 먹고 갔는데 서울대병원 간호사들이 일하는 모습을 보지 못해서 너무 아쉬웠다. 그래도 마로니에 공원을 걸으며 노랫말 가사로나 듣던 곳에 직접 온 것이 신기했다.

우리는 쉼 없이 분주한 사람들 사이에서 쏟아지는 비를 피해 급히 삼성서울병원으로 이동했다. 역사가 느껴지는 서울대병원과 달리 삼성서울병원은 세련되고 깔끔한 외관이 눈에 띄었다. 역시 기업병원이라서 느낌이 매우 다르구나 싶었다. 삼성병원은 다행히 병원 안으로 들어갈 수 있었다. 엘리베이터를 타고 무작정 올라간 우리는 외부인 통제를 하지 않을 것 같은 병동에 내렸다. 드디어 고대하던 일하는 간호사가 눈앞에 보였다. 그저 삼성병원 간호사라는 이유만으로 대단해 보였다. 나는 선망의 눈빛으로 일하는 모습을 몰래 훔쳐보았다. 그 순간 '내가 저기 있다면 얼마나 좋을까' 하는 공상에 잠깐 잠겼다. 언니와 나는 부러움을 가슴에 가득 품고 모델하우스를 구경하듯 병동을 기웃거렸다. 중정을 가운데 두고 큰 유리창으로 둘러싸인 탁 트인 삼성병원의 병동을 걷다 보니 와 보길 잘했다 싶었다. 그날 나는 더 열심히 공부할 이유가 하나 더 생겼기 때문이다.

시간은 10년도 더 훌쩍 흘러, 갱 언니와 나는 보건교사가 되었다. 어느 날 언니에게 안부 전화가 왔다. "나 지금 서울삼성병원 지나가는데, 너 생각이 나서." 언니도 나와 함께한 그날을 기억하고 있었다. "우리 그때 되게 좋았는데", "맞아, 비가 그렇게 왔는데도 넘 좋았지." 오랜 시간이 흘렀는데도 우리가 그 시절을 좋은 추억으로 간직하고 있다는 게 감사하고 행복했다.

그해 여름, 간호사 인턴십

졸업반이 되던 해 3월, 이례적인 공고가 하나 떴다. 바로 서울아산병원 간호사 인턴십 공고였다. 간호 학생을 대상으로 다양한 임상 실습과 간호 현장을 직접 체험해 보도록 하는 프로그램이었다. 견학은 안 갔었지만, 본가에서 동서울터미널로 가는 길에 늘 보던 서울아산병원도 물론 흠모하던 병원 중 하나였다. 원하는 간호 파트를 미리 경험해 볼 수 있는 좋은 기회를 놓칠 수 없지. 주저하지 않고 원서를 넣었다. 서류전형과 면접을 거쳐 우리 학교에서는 나를 포함해서 3명이 선발되었다. 감사하게도 내가 여름방학 2주간 서울아산병원에서 임상 간호술과 병동 실습 교육을 하게 된 것이다. 고작 인턴십에 합격한 것뿐인데 이미 아산병원 간호사가 된 것만 같은 기분이 들었다. 당시 인턴십을 하면 정식으로 채용하던 아산병원의 관행이 있었다.

공교롭게도 우리 학교는 졸업 전 마지막 여름방학에는 4주간 주문식 실습을 하는 교육과정이 있었다. 잔인하다면 잔인하게도 성적순으로 원하는 실습 장소를 선택하는 방식이었다. 난 그동안 실습지에 없었던 파트인 응급실을 경험해 보고 싶은 희망이 있었다. 다행히 원했던 길병원 응급의료센터를 선택할 수 있었다. 지역권역응급의료센터였기에 다양한 환자 케이스를 볼 수 있을 것 같아서 기대가 많이 됐다. 하지만 아산병원 인턴십이 겹쳐서 어쩔 수 없이 길병원 응급실에서 2주, 서울아산병원 혈액종양내과에서 2주간 교육을 받았다.

인턴십에서 다른 학교 간호 학생들도 같이 만날 수 있어서 반가웠다. 나처럼 혈액 종양 파트를 지원한 다른 학교 간호 학생들과 한 팀이 되어 실습하는 것도 색다른 경험이었다. 암 환자 간호에 관심이 있었던지라 종양 간호를 경력간호사의 측근에서 관찰할 수 있는 것도 좋았다. 인턴십을 하며 혈액 종양 전문간호사 선생님의 모습을 보고, 종양 간호사로서 해야 할 역할과 나아갈 길을 그려 볼 수 있었다. 백문이 불여일견이라고 했다. 그해 여름, 암 병동 인턴십 경험은 나의 임상간호사로서의 진로에 큰 방점이 되었던 것만은 확실하다.

그대로 서울아산병원에 정식으로 채용되었으면 간호사로서의 내 삶은 어떻게 바뀌었을까. 그때로 보면 불행이었고, 지금으로 보면 다행이었던 사건이 생겼다. 갑작스럽게 인턴십 간호사 채용 과정이 바뀌어서 최종 불합격 통보를 받은 것이다. 붙여준다는 보증을 해 준 것은 아니지만 자동 합격인 줄로만 믿고 있었다. 이미 여러 지인에게 축하받았던 부끄러움은 중요한 사항이 아니었다. 내가 절망스러웠던 이유는 따로 있었다. 채용으로 가는 문인 인턴십이 예정되어 있었기에 상반기 간호사 채용 특채는 지원하지 않았고, 이미 서울의 대형병원은 채용이 거의 마무리되어 가던 시점이었다. 인턴십은 내게 일장춘몽처럼 몽글몽글하게 왔다가 덧없이 사라졌다.

· 2장 ·

어엿한 소아암 병동 간호사가 되다

1

서울대병원 합격을 축하합니다

우여곡절의 끝

서울아산병원 인턴십을 한 후 입사는 따 놓은 당상인 줄 철석같이 믿고 있었다. 이미 서울에 있는 큰 대학 병원급은 상반기부터 간호사 모집을 시작하는 상태였다. 아산병원 불합격 소식을 들은 후 나에게 남은 선택지는 많지 않았다. 그나마 다행인 것은 서울대병원 공채, 고대안암병원, 분당서울대병원 등 몇몇 곳이 남아 있었다. 고민할 것도 없이 난 서울대병원, 고대안암병원 두 병원에 원서를 썼고 면접까지 보게 되었다.

그때 겪었던 재미있는 일화가 하나 있다. 두 곳의 면접일이 불과 하루 차이였다. 서울대병원이 먼저였고 다음날 고대안암병원 면접일이었다. 고대 안암병원 면접장에 도착해 내 순서를 기다리고 있었다. 긴장한 채 입으로 주문을 외듯 계속 준비했던 인사말을 되뇌고 있었다. 그때 인사부의 면접 관계자가 다가오더니 내게 말을 걸었다. "선생님, 혹시 어제도 면접 보지 않으셨어요?" 순간 너무 당황스러워서 얼음이 됐다. 들키면 안 될 걸 들킨 것처럼 얼굴이 화끈거리고 머릿속이 새하얘졌다. 그 뒤로 면접을 어떻게 끝냈는지 기억도 잘 안 난다. 알고 보니 전날 지하철에서 날 본 모양이었다. 서울대병원 면접을 위해 인천에 살고 있던 난 지하철 1호선을 탔고 동대문역에서 4호선으로 갈아타서 혜화역까지 이동했다. 안암역에 가려면 똑같이 1호선을 타고 갈아타야 하는데 하필 1호선에서 나와 마주친 것이다. 어떻게 이런 우연이 있을 수 있단 말인가. 우연도 우연이지만 날 기억하는 게 더 신기했다. 인사부 사람이니 직업병이 도져 면접 복장을 한 날 더 유심히 봤는지도 모르겠다. 아니면 내가 절실함에 휩싸여 좀 더 유별나게 눈에 띄게 면접 준비를 하고 있었을 수도 있고.

다행히도 두 병원에서 모두 합격 소식을 들었다. 그제야 가슴에 얹혔던 돌을 덜어내는 기분이 들었다. 4년제 전환을 앞두고 휴학도 하지 않고 앞만 보고 달렸던 때였다. 아산병원 탈락 이후 원하던 병원에 못 가게 될까 내심 불안한 나날을 보냈었기에 더 기뻤다. 마침내 서울대병원에 입사서류를 제출했다. 간호학을 배우기 시작했던 때부터 꿈의 병원이었던 곳이기에 세상을 다 가진 듯했다. 돌고 돌아서 운명은 제자리를 잡았다.

간호 학생에서 신입 간호사로 입문

　간호사들의 경우 대다수가 대학을 졸업하기 전에 입사할 병원이 결정된다. 간호학과 졸업반일 때 대형병원의 신입 간호사 채용공고에 지원하는 것이 일반적이다. 그래서 졸업반이 되기 전까지 학점관리를 잘해 놓고, 영어점수를 미리 준비해 놓으면 취업할 때 경쟁력 있는 지원자가 된다. 나 또한 미리 준비한 덕분에 간호사 국가고시를 보기도 전에 입사가 결정되어 있었다. 대학 병원의 경우 신규간호사들은 웨이팅(병원 입사 통보 전까지 기다리는 것)을 하는 경우가 많다. 물론 졸업과 동시에 바로 3월부터 입사하는 경우도 있지만 사직자가 생기면 순차적으로 입사를 하게 된다. 나는 물론 하반기 합격자였기에 졸업 후 바로 입사할 가능성은 거의 없었다. 그래도 너무 웨이팅이 길어지는 게 싫어서 PRN 간호사(필요시 비정규직 신분으로 입사하는 간호사)를 신청해 놓긴 했다.

　2월 대학을 졸업하고 짐을 모두 싸서 오랫동안 떠나 있던 부모님이 계신 고향 집으로 내려갔다. 그리웠던 엄마 밥도 먹으면서 한동안 편히 푹 쉬고 싶은 마음이 컸다. 내려가자마자 운전면허학원을 등록해서 운전을 배우며 그제야 자유다운 자유를 누렸다. 간호 학생으로 살았던 시절엔 놀아도 노는 게 아니었다. 대학 동기들과 설악산으로 1박2일 졸업 여행도 다녀왔다. 이후 연락이 뜸해 그 친구들은 다 어디에서 무얼 하는지 알 수 없게 되었다. 하지만 아이젠을 끼고 설산을 함께 오르고 불꽃놀이를 하며 놀았던 기억은 내게 따뜻한 추억이다. 그때 친구들과 함께 할 수 있어서 정말 다행이었다. 왜냐하면 3월 초 뜻밖의 전화를 한 통 받았기 때문이다. 4월 입사가 결정되어서 3월 중순 신입직원 입문 교육에 참석하라는 통보였다.

웨이팅이 너무 길어지는 것도 싫었지만 이렇게 빨리 일하러 가게 될 줄은 꿈에도 몰랐다. 경기도 가평의 연수원에서 3박 4일간 신입직원 입문 교육을 받았다. 교육생은 간호직뿐만 아니라 다른 부서 직원들도 있었고 다들 나처럼 설렘에 들떠 있었다. 그래서인지 조를 짜서 하는 활동이나 교육을 들을 때면 너나 할 것 없이 적극적이었고 신나 했다. 짬이 생길 때마다 같은 조 동기들과 장난을 치고 사신을 찍으며 그 순간을 즐겼고, 밤이면 한데 다 같이 모여 수다를 떨었다. 정확하게 연수 내용은 잘 기억나진 않지만, 병원의 비전과 역사 등에 대해 주입식 교육을 받으며 '나도 이제 병원에서 일하는 진짜 간호사가 되는구나!' 싶었다. 입문 교육을 받을 때까지만 해도 여기에 함께 있을 수 있다는 사실만으로 행복에 가득 차 있었다.

딜레마에 빠지다

즐거웠던 입문 교육이 끝나고, 3월 말 엄마와 함께 옷 몇 벌과 이불 세트를 챙겨 서울로 올라왔다. 고향 집으로 간 지 불과 1달 만에 다시 객지 생활이 시작된 것이다. 꿈에 그리던 서울에 간다는 기쁨보다는 왠지 울적한 기분이 더 컸다. 아마도 딸 걱정에 따라나선 엄마와 헤어지지 않고 조금 더 시간을 보내고 싶었던 것 같다.

서울대병원에는 간호사 기숙사가 있어서 입소 신청을 해 놓았는데 자리가 나지 않아 당분간 성균관대 앞 고시원에서 지내기로 했다. 그때 고시원 생활은 처음으로 해 보았는데 밝고 활발한 성격인 나인데도 불구하고 우울증이 오지 않은 게 다행인 수준이었다. 싱글침대 하나에 책상, 작은 냉장고 하나 들어가면 끝인 좁은 공간에서 힘든 신규간호사 오리엔테이션 시기를 버티려니 죽을 맛이었다. 이러다 나중에는 벽이랑 대화를 할 수도 있겠다 싶었다. 누구라도 붙잡고 뒷담화하면 기분이 좀 나아질 것 같았다. 고시원에서 새벽에 일어나 데이 출근을 준비할 때면 늘 기분을 달래려 M-net 음악채널을 틀어놨는데, SG워너비의 신곡 〈라라라〉가 종종 흘러나오곤 했다. 그래서인지 지금도 〈라라라〉를 들으면 타임캡슐을 연 듯 성대 앞 고시원이 떠오른다.

2달 후 다행히 기숙사에 자리가 나서 입소를 할 수 있었다. 당시 간호사 기숙사 또한 70년대에나 지어졌을 법한 열악한 환경이었다. 기숙사에서 제일 충격적이었던 것은 공동 샤워실이었는데, 대중목욕탕 같은 곳에 칸칸이 벽으로 막힌 공간에서 비닐 스크린을 드르륵 치고 샤워하는 구조였다. 그래도 고시원에 비하면 기숙사는 감지덕지했다.

사람 마음이 간사한 게 그토록 원했던 병원에 입사했는데 사는 게 전혀 즐겁지 않았다. 병원에 갈 때마다 전쟁터에 끌려가는 것처럼 마음이 무거웠다. 오죽했으면 신규간호사 예비교육을 받으며, 보건교사 임용 고시 온라인 강의를 신청해서 듣기도 했다. 병원만이 내 길이 아닐 수도 있으니 다른 길도 간이라도 보자는 생각으로 말이다. 신규 딱지를 달고 몸과 마음이 성처 없이 방황하던 시절이었다. 간호사 명찰을 감당하기엔 내 자신이 너무 초라하기만 했다. 돌이켜보면 입사하고 최소 1년 동안은 병원도 기숙사도 정을 못 붙였다. 오프 날만 되면 밤낮없이 혜화동을 도망치듯 친구 자취방으로 달려갔고, 모든 것을 내려놓고 노는 낙으로 살았다. 어떻게 이뤄 낸 결실인데 병원은 계속 다녀야겠고, 숨을 쉬고 살긴 살아야겠고 하루하루가 딜레마의 연속이었다.

2

고군분투하는 신규간호사의 성장 비밀

24시간이 부족하지만, 팀워크는 최고!

　인간은 적응의 동물이라고 했던가. 나도 있는 힘 없는 힘 다 내서 간호
사 생활에 적응해 갔다. 내가 배정받았던 소아암 병동은 어린이 병원에
서 기피하는 부서로 유명했다. 다른 병동에서 우리 병동으로 로테이션
(부서 이동)해서 오면 그만두라는 말이라는 우스갯소리가 있을 정도였
다. 로테이션을 한 간호사에겐 병동 업무 오리엔테이션도 불과 3일뿐이
었다. 짧은 기간 안에 병동 일을 다 마스터(Master)하는 것은 불가능했
고 물어 물어가며 새로운 업무에 익숙해져야 했다. 그에 비하면 다른 병
동이 아닌 이곳에서 간호사로 첫발을 내딛게 된 것은 다행일지도 몰랐
다. 난 적어도 2달 동안 신규 트레이닝을 받을 수 있었으니까 말이다. 재
미있는 건 내가 소아암 병동만 겪어봐서인지 모든 병동이 우리 병동처럼
바쁘고 힘든 줄 알고 살았다는 것이다. 서울대병원이니까 당연히 어디든

다 환자 중증도가 높으니 힘든 건 당연한 거라고 단순하게 생각했던 것 같다. 다른 병동에서 온 간호사들이 하는 푸념을 듣고서야 소아암 병동이 간호사에게 어떤 곳인지 더 자세히 알게 되었다.

일반적으로 간호사의 업무는 데이, 이브닝, 나이트 3교대로 돌아간다. 각 근무 번마다 고유업무가 있고, 추가로 의사의 오더가 있는 경우에는 적시에 처리해야 한다. 그러려면 간호사는 1분 1초 단위로 움직여야 하고 기억력도 좋아야 한다. 소아암 병동의 데이 근무에 하는 주된 업무는 각종 검사 진행, 항암제 투여, 수혈, 항생제 투여, 퇴원 업무 등이었다. 기억에 남는 건 데이 출근을 하면 처치실에는 늘 침대차와 의료진으로 꽉 들어차 있었다. 왜냐하면 우리 병동은 거의 매일 새벽마다 골수검사가 있었기 때문이다. 처음엔 골반 뼈에 굵은 바늘을 삽입해 골수를 재취하는 검사 모습이 잔인해 보여서 충격적이었다. 그런데 그것도 시간이 지날수록 무덤덤해졌다. 그저 좁은 처치실 한쪽에서 약을 싸며 오늘도 무탈한 하루가 되길 기도했다.

이브닝 근무 때는 퇴원환자 준비, 다음날 처방 받기와 검사 준비, 수액 줄 변경이 굵직한 업무였다. 이브닝 인계받을 때, 가끔 입원 환자가 없어서 자리가 비는 날이면 업무 부담이 줄어들어 괜스레 기분이 좋았다. 나이트 근무 때는 의사의 오더를 다시 확인하고 투약 카드를 정리하는 것,

다음날 업무 사전 준비, 행정적인 업무가 주를 이룬다. 병동 특성상 밤사이에도 응급 상황이 종종 있었기에 방심할 수 없었다. 간호사들은 근무 내내 정신없이 처치하다가 간호기록은 뒷전이 되기 일쑤였다. 그러니 칼퇴(정시 퇴근)는 물 건너간 날도 허다했다. 그나마 위로가 된 것은 바쁨에는 경력간호사도 예외 없는 것이었다. 그래서인지 간호사들은 서로의 어려움을 누구보다 잘 알았고 내 일, 네 일 할 것 없이 나서서 서로를 도왔다.

진격의 신규노트, 성장과 독립의 기록

병원은 간호대학과는 차원이 다른 세계였다. 대학을 다니며 배웠던 것들은 말 그대로 기초 중의 기초였다. 그나마 도움이 된 것이 있다면 각종 검사의 정상 수치와 의학 용어 정도다. 환자의 상태를 이해하려면 검사 결과를 해석할 수 있어야 했고 온통 의학 용어 투성이인 의무기록을 읽어 낼 수 있어야 했기 때문이다. 웬만한 간호 수기들은 거의 다 다시 배운다고 생각하면 될 정도였다. 처음엔 주사기를 잡고 약을 재는 것조차 어색하고 낯설었다. 병동 매뉴얼이 있기는 했지만, 이론적인 내용들이 대부분이었다. 병동에서 다루는 질병을 이해하는 데 도움이 되긴 했지만 당장 필요한 것은 세세한 간호술과 행정적인 업무 흐름이 몸에 배게 하는 것이었다. 이런 것들은 보통 선배 간호사들이 처치하는 걸 관찰하면서 배우는 것이 가장 빠른 지름길이다.

내가 신규간호사 트레이닝을 받는 동안에 가장 잘한 것이 있다면 신규노트를 꾸준히 쓴 것이 아닐까. 매 교육을 받으며 알게 된 것이나 궁금한 것을 손바닥만 한 작은 수첩에다가 나만 알아볼 정도로 휘갈겨 적은 후, 숙소로 돌아와 스프링노트에 깔끔하게 다시 정리했다. 아무리 몸과 마음이 힘들어도 신규노트 쓰는 것은 빼먹지 않았다. 모든 것이 생소한 것들이었기에 뭐 이런 걸 기록하나 싶을 정도의 것도 가리지 않고 다 적었다. 이를테면 추가 난 약을 줄 때 흰 유산지로 약을 싸는 방법을 잊지 않으려고 그대로 가지고 와서 노트에 붙여두고 복습했다. 주사기 펌프나 3-way 같은 의료기구의 경우엔 그림을 그려서 사용법을 기억하려고 했다. 처음 쓰는 약을 보면 내장된 약 설명서를 가지고 와서 노트에 붙여서 약을 공부했다. 각종 항암제나 종양용해증후군 같은 항암제 부작용, 강심제나 응급약물 계산법 등 더 궁금한 것이 있으면 찾아보고 노트에 추가로 정리해 두었다.

또 하나 적은 것이 바로 실수해서 혼난 것이다. 지금 보면 부끄럽지만, '약 카드 정확하게 보기(물약은 비슷비슷하니까 절대 흘려 봐선 안 돼!)', '처치실 깨끗하게 유지하기(치우면서 일하자~)'같은 게 쓰여 있다. 정말 별거 아닌 거까지 기록하며 신규노트를 썼던 이유는 단 하나다. 하나라도 더 온전히 소화해서 빨리 떳떳해지고 싶었다. 혼자서도 잘 해내고 싶었고 같은 걸 반복해서 물으며 동료 간호사들에게 폐를 끼치고 싶지 않았다.

신규노트는 신규 시절 내내 나와 함께했다. 보잘것없던 신규간호사인 내가 가진 무기라고는 꾸준함밖에 없었다. 자꾸만 주저앉으려는 나를 이길 수 있는 정공법이 바로 신규노트였다. 트레이닝이 끝난 후 혼자 일을 하면서도 새로 알게 되는 것이 있으면 기존의 내용에 덧대 나갔다. 나중에 보니 책 한 권 분량이 될 정도였다. 나의 보물이자 선배들의 1급 간호 레시피를 모은 소아 항암 간호 매뉴얼이라고 해도 과언이 아니었다.

내가 3년 차가 되던 해, 대학 동기가 소아암 병동의 후배로 입사했다. 병동 일에 적응하느라 고생하는 동기를 위해 손때 묻은 신규노트를 내어 줄 수 있었다. 말로 다 할 수 없는 노하우를 한 권의 책으로 전해 줄 수 있어서 기쁘고 뿌듯했다. 언젠가 보니 내 신규노트는 후배 간호사들 사이에서 제본으로 만들어져 돌려지고 있었다. 알게 모르게 병동의 서브 매뉴얼로 등극해 있던 것이다. 나의 부끄러운 시행착오들이 담긴 신규노트가 후배들에게 간호사 생활의 길잡이가 되어 주고 있었다. 기록의 힘은 실로 대단하다. 진격의 신규노트가 아닐 수 없다.

3

소아암 병동, 삶과 죽음의 경계에서

암 환자 간호에 관심을 가지다

언제부터였을까? 내가 암 환자를 간호하고 싶다고 마음을 먹은 것이. 간호학을 배우기 전까지 내게 암은 그저 '걸리면 죽는 병' 정도였다. 아마도 드라마나 영화에서 본 모습 때문이 아닐까 싶다. 어김없이 비련의 주인공들은 창백한 얼굴로 머리카락 없이 비니모자를 쓴 채 휠체어에 앉아 있었다. 암, 그중에서도 백혈병인 경우가 많았다. 암이 무서워졌다. 무슨 이유로 저런 병에 걸리고, 어떤 치료를 받길래 사람의 몰골이 저렇게 변하지 싶었다. 내 가족이나 주위 사람의 일이라고 생각하면 끔찍하긴 했지만, 그 이상도 이하도 아니었다.

간호 학생이 되어 모성간호학 실습으로 부인과 병동에 간 적이 있다. 사람들은 보통 산부인과라 하면 아기를 낳으러 가는 곳으로만 생각한다.

산부인과는 산과와 부인과로 나뉜다. 임신, 출산과 관련된 일은 주로 산과에서 하고 여성질환과 관련된 일은 부인과에서 담당한다. 내가 간 곳은 부인과 병동이라서 출산하러 온 사람이 아닌 여성 암 환자들이 주를 이루었다. 이를테면 자궁암, 난소암 같은 병들 말이다. 그곳에서 처음으로 암 환자를 보았다. 내가 기억하던 드라마 속 주인공이었다. 표정 없는 중년의 여자는 초라해진 머리에 잔꽃이 가득한 예쁜 두건을 썼다. 폴대에 가녀린 몸을 의지한 채 힘겹게 해초 같은 다리를 끌며 내 옆으로 스쳐 지나갔다. 폴대에는 그녀에게는 다소 과해 보이는 커다란 유리 수액 병이 걸려 있었고 챔버에서 맑은 항암제가 한 방울씩 똑똑 떨어지고 있었다. 자연스레 내 눈길이 그녀의 머리끝에서 아래쪽으로 내려갔다. 그녀의 두 다리 사이로 늘어진 소변줄에서는 붉은빛의 소변이 얇은 관을 타고 흘러내려 소변백 속은 핏물이 고인 것 같았다. 순간적으로 얼음이 됐다. 또렷하게 보이는 암 환자의 모습에 다시 두려워졌다.

알고 보니 항암제의 부작용으로 출혈성 방광염이 와서 나오는 혈뇨였다. 암에 대해 잘 모르니 덜컥 겁만 났던 거다. 나는 환자만큼도 항암에 대해서 잘 모르는 21살 애송이 간호 학생일 뿐이었다. 그녀는 구역질하지도 기력 없이 누워 있지도 않았다. 기적 같은 하루를 지켜 내려고 좁은 병동 복도를 걷고 또 걸었다. 삶의 의지를 부여잡고 있었다. 내가 한쪽 코너에서 그녀는 알 수 없는 생각을 하며 이방인처럼 멍하니 서 있어도 그 모습이 전혀 대수롭지 않다는 듯 흘려 보는 그녀의 눈빛을 보니 함께 하고 싶어졌다. 그녀의 지루한 고통을 곁에서 지켜봐 드리고 싶어졌다. 암 환자를 간호해야겠다고 결심한 순간이었다.

성인 암이 아닌 소아암이라니

크고 작은 임상 실습의 관문을 넘고 간호사 국가고시에 합격한 나는 진짜 간호사가 되었다. 당차게 참석한 신규간호사 사전 오리엔테이션에서 희망부서를 3지망까지 써서 내라는 안내를 받았다. 물론 내가 가고 싶다고 보내 준다는 보장은 없다. 하지만 개인의 선호도를 조금은 고려해서 배정해 주겠다는 취지겠거니 싶었다. 응급실이나 중환자실, 소아병동은 보통 많은 간호사가 피하고 싶은 파트다. 왜냐하면 응급실과 중환자실은 환자 중증도가 높아서 종일 눈코 뜰 새도 없이 바쁘게 종종거려야 하고, 소아청소년과는 약 용량 계산이 번거롭고 보호자까지 상대해야 해서 감정노동이 만만치 않기 때문이다. 나는 고민할 것도 없었다. 가고 싶은 곳이 따로 있었으니까. 1지망은 혈액종양내과, 2지망은 조혈모세포이식 병동, 3지망으로 소아 혈액종양내과를 썼다. 내가 선택한 파트들도 일반적으로 선호하는 곳은 아니었다. 그래서 난 당연히 1지망에 배정이 될 거라고 확신에 차 있었다.

4월 2일부터 간호본부 신규간호사 예비교육이 시작됐다. 간호사 인생의 첫발을 어디서 내딛을지를 목전에 두고 있구나 싶었다. 술렁이는 분위기 속에서 부서 배정을 받았다. 졸업한 지 1달 만에 불려 와 미처 학생티를 벗지 못한 신규간호사들의 얼굴 위로 희비가 교차했다. 내가 배정받은 병동은 소아 혈액종양내과, 소아암 병동이었다. '1지망도 2지망도 아닌 3지망이라니. 본원이 아닌 어린이 병원이라니.' 어안이 벙벙하고 믿을 수가 없었다. 성인 암 병동을 원했는데 3지망까지 쓰라기에 칸을 채우려고 소아를 쓴 거뿐이었는데. 사실 나는 그때까지만 해도 소아에 관심이 전혀 없었다. 게다가 난 아동간호학 실습도 신생아 중환자실로만 나갔고, 소아암이라고 하면 백혈병밖에 떠오르지 않았다.

총성 없는 전쟁을 치르던 소아암 병동

내 무지함을 비웃기라도 하듯이 하루가 멀다고 신환(신규환자)들이 듣도 보도 못했던 생소한 병명을 달고 전국각지에서 몰려들었다. TV 교양 프로그램이었던 〈사랑의 리퀘스트〉에서나 보던 장면들을 매일 마주했다. 신입 OT를 받던 5월의 어느 날, 나보다 한 달 먼저 입사한 동기 숨 언니는 간호사로 홀로서기 하자마자 대박 CPR(심폐 소생술)의 중심에 서 있었다. 갑작스럽게 심장이 멈춰 버린 백혈병 여자아이를 살리기 위해 주치의가 아이 위에 올라타 흉부 압박을 시작했다. 30분이 넘게 이어진 사투에 아이의 갈비뼈는 버티지 못했고 말 그대로 피 튀는 CPR로 이어졌다. 소아는 성인과 비교하면 DNR(소생술포기)가 쉽지 않다. 어느 부모가 자식을 포기하고 싶을까. 그날의 잊을 수 없는 광경은 소아암 병동에서의 서막에 불과했다.

나를 가장 두렵게 했던 환자는 항암치료 후 ANC(절대호중구수, 면역수치)가 떨어져서 병원균 감염이 전신으로 진행되는 패혈성 쇼크(septic shock) 환자였다. 급격히 떨어지는 혈압을 잡기 위해 촌각을 다투며 마이크로 단위의 강심제를 정밀 투여해야 했고, 활력징후를 실시간으로 재고 모니터링해야 했다. 설상가상으로 처음 써 보는 항생제 오더가 폭탄처럼 떨어졌다. 약 들어갈 수액 줄도 없는데 혈소판, 적혈구, 혈장 수혈에 혈액응고인자까지 줘야 하니 진이 빠지고 혼이 나갈 지경이었다. 그렇게 하루 종일 화장실도 한번 못 가고 뛰어다닌 날이면 퇴근길 하늘을 보며 혼잣말을 중얼거리곤 했다. "와, 이건 전쟁이야."

그러나 나만 전쟁을 하는 게 아니란 걸 깨닫는 데 오래 걸리지 않았다. 나보다 더 치열하게 애쓰고 있는 아이들이 보였다. 너무 일찍이 삶과 죽음의 경계에서 암세포와 힘들게 싸우고 있었다. 내가 상상도 할 수 없는 아픔과 고통을 알아 버린 아이들은 안쓰러울 만큼 어른스러웠다. 또래 아이들처럼 아프다 무섭다 투정을 부리지 않았고, 길어지는 투병 생활로 조각 난 가족을 먼저 걱정했다. 그런 아이들을 간호하며 나도 자연스럽게 아이들의 투병 생활 속으로 스며들어 갔다. 소아암 병동에 들어서면 차원이 다른 공간으로 들어가는 기분이 들었다. 자동문 너머엔 꽃도 피고 낙엽도 지고 눈도 오는데, 자동문 안에선 아무것도 느낄 수가 없었다. 나는 아이와 부모들이 제자리표 같은 시간 속에서 벗어나길 손꼽아 기다렸다. 멈췄던 시간이 다시 흐르는 자동문 밖으로 걸어 나가는 날을 말이다.

4

소아암 환자를 간호한다는 것

소아암이라는 낯선 병과 마주하다

소아암 병동에는 흔히들 아는 백혈병, 림프종만 있지 않다. 신경모세포종, 뇌종양, 골육종, 횡문 근종, 간모세포종, 망막모세포종 등 생소한 소아암과 조직구 증식증, 악성 빈혈 같은 희소병이 있는 아이들이 찾아온다. 소아 혈액종양내과에 오는 아이들은 병의 이름을 찾는 것부터 쉽지 않다. 집 근처 병원을 이리저리 전전하며 온갖 검사를 다 한다. 그러다가 결국 서울에 있는 큰 병원에 가 보라는 말을 듣고는 지푸라기라도 잡는 심정으로 오는 경우가 많다. 아이는 아프면서 큰다고 스쳐 가는 바람이겠거니 대수롭지 않게 생각했을 것이다. 생때같은 아이 몸속에 암세포가 자란다는 걸 누가 상상이나 했을까?

침상 발치 이름표의 아이 이름 옆에 돌덩이 같은 병명이 붙는다. 아이는 하루아침에 암 환자가 되어 저마다의 항암 스케줄을 달고 암세포를 없애는 치료를 시작한다. 성인 암 환자와 달리 어린아이들은 자신의 상황을 받아들이고 자시고 할 것도 없는 경우가 많다. 소아의 특성상 부모에게 결정권이 있고, 1+1처럼 모든 치료과정에서 함께하기 때문이다. 어쩌면 아이의 항암치료를 부모가 잘 받아들일 수 있도록 보듬어야 하는 게 소아암 간호의 출발이 아닐까 싶은 생각이 든다. 치료 전에 미리 원내 미용실에 가서 아이의 머리카락을 밀고 준비하는 엄마도 있었고, 아쉬운 마음에 뒀다가 듬성듬성 빠지는 머리카락을 마침내 정리해 주는 엄마도 있었다. 엄마들은 놀란 마음을 붙잡고 저마다의 속도에 맞춰 아이의 병과 항암에 담담히 마주해 나갔다.

소아암 병동의 징크스

소아암 병동에는 신기한 징크스가 있었다. 바로 해넘이와 해맞이다. 매년 설렘 가득한 연말연시의 기운과는 사뭇 다른 풍경과 만났다. 긴 병의 성쇠엔 계절도 한몫했다.

추운 바람이 불고 연말이 다가오면 아이들의 상태도 서서히 나빠지기 시작했다. 마치 해넘이를 하듯이. 하루가 멀다고 저세상으로 또 소아 중환자실로 아이들을 보내는 날이 이어졌다. 간호사들끼리 떠난 아이들 이야기하는데 한 선배는 말했다. "아이가 혼자 떠나기 외로워서 같이 가는 거야." 아이가 혼자서 쓸쓸히 떠나가는 모습이 상상이 됐다. 부모님도 없고 친구도 없이. 마음이 먹먹해서 아무 말도 나오지 않았다. 겨울이 오는게 두려웠다. 내 몸이 바쁜 것보다 힘든 건 죽음의 그림자가 가까이 오는 걸 지척에서 지켜보는 것이었다. 희망을 말할 수 없는 상황이었다.

긴긴 겨울이 지나면 어김없이 봄은 왔다. 따뜻한 봄과 함께 새롭게 진단받아 오는 아이들이 많아졌다. 마치 해맞이하려고 사람들이 몰려들듯이. 앞으로 무슨 일이 벌어질지 모르는 아이들은 천진난만했다. 아프게만 하지 않으면 여느 또래들처럼 장난감을 가지고 놀고, 애교를 피우며 해맑게 웃고, 늘 푸른 교실(병동 내에 있었던 병원학교)에 가서 수업도 들으며 즐거워했다. 엄마 손잡고 병원으로 놀러 온 아이들 같았다. 우리 아이들에게서 암 환자라는 생각이 들게 하는 것은 민둥산 같은 머리밖에 없었다.

My Patient`s Keeper

시간은 흘러 나는 소아암 병동에서 2년 차 간호사가 되었다. 뭐가 뭔지도 모르게 1년이 흘렀다. 처음 듣는 병과 처음 쓰는 약, 처음 보는 검사들을 겪으며 이리 치이고 저리 치이다 보니 어느 정도 소아 항암 간호사인

척할 수 있게 됐다. 수액 줄을 세팅하고, 주사를 놓고, 드레싱을 하는 내 손놀림이 자연스러워지고 빨라졌다. 능숙하지는 않아도 어떻게 돌아가는 건지 흐름이 눈에 보이기 시작했다. 조금씩 자신감이 붙고 있었다. 하지만 병동 일이 익숙해질수록 헷갈렸다. 내가 처음 암 환자를 간호하고 싶다고 결심했던 그때 그렸던 따뜻한 간호사의 모습이 맞는지. 오더대로 처치만 잘 수행하는 간호사 로봇은 아닌지.

절묘하게도 내 고민이 짙어지던 그 시기에 개봉한 영화 〈마이 시스터즈 키퍼〉는 백혈병 아이를 둔 가족의 삶을 여러모로 보여 줌으로써 내게 큰 울림을 줬다. 15살 케이트는 급성 전골수성 백혈병을 앓고 있고, 변호사였던 엄마는 케이트를 살리기 위해 자신의 모든 것을 포기하고 살아간다. 동생 안나는 유전공학의 힘을 빌려 언니의 치료를 위해 태어난 맞춤 아이였고, 언니를 위해 제대혈부터 골수, 백혈구 등 신체의 많은 것을 내어 주었다. 오빠 제시 또한 부모님에게서 자신 몫의 관심까지 독차지한 동생이지만 케이트를 미워하지 않고 사랑한다. 아빠는 무던히 소방관 일을 하며 가정을 지킨다. 투병 생활을 하고 있지만 온 가족이 웃음을 잊지 않고 일상의 기쁨을 누리며 사는 모습이 불안하고 슬프면서도 아름답게 보였다. 어느 순간 항상 밝은 모습을 잃지 않던 케이트는 자신의 마지막을 직감하며 속마음을 드러낸다. "난 이제 죽는다. 늘 그 사실을 알고 있었다. 그게 언제인지 몰랐을 뿐. 죽는 건 괜찮다. 정말이다. 이 병으로 내가 죽는 건 괜찮다. 하지만 내 가족이 죽어 간다." 그렇다. 케이트에게 더 견디기 힘든 것은 죽음이 가까이 온 걸 느끼는 것보다 가족의 희생을 지켜보는 것이었다. 소아 항암 간호사는 아픈 아이뿐만 아니라 불안정한 가족의 삶을 통합적으로 보고 공감할 수 있어야 했다.

영화가 끝나도 한참 동안 눈물이 멈추지 않았다. 우연히 본 영화로 미처 생각하지도 못한 진실과 마주했다. 영화 같은 삶을 살고 있는 내 환자와 가족들의 모습이 생생하게 그려졌다. 매일 두 눈으로 보고 있었는데 마음의 눈으로는 보지 못했다. 난 눈 뜬 봉사였다. 항암제를 맞고 구역질하는 아이 옆에서 등을 두드리며 비닐봉지를 입에 대주던 엄마들, 늦은 저녁 만두 같은 요깃거리를 사 들고 병원으로 퇴근하던 아빠들, 주말이 되면 아픈 동생과 엄마를 보러 오던 어린아이들, 아픈 형제를 위해 자기 조혈모세포를 모아주던 아이들, 맞벌이하는 아이 부모를 대신해 손주를 간호하던 할머니들……. 난 그동안 무슨 생각을 하며 그들 곁에 있었던 걸까 나 자신이 한심했다. 아픈 아이가 병원으로 오가며 느꼈을 불안함과 가족을 향한 미안함이 느껴졌다. 그제야 암세포와의 싸움만큼이나 치열하게 하루하루를 살아가는 소아암 아이의 가족이 보였다. 흐릿한 배경으로만 존재했던 가족의 모습이 내 마음에 줌인 됐다. 더 이상 내가 간호하며 만나는 사람들이 스쳐 지나가는 한 장면쯤으로만 보이지 않았다.

4살 민서는 이란성 쌍둥이로 여동생보다 몇 분 먼저 태어난 남자아이였다. 민서가 백혈병을 진단받은 후 가족의 삶은 180도 바뀌었다. 민서와 엄마는 병원에 갇혔고, 여동생은 할머니 댁으로 보내졌다. 아빠는 혼자서 치료비를 마련하기 위해 아무 일도 없는 듯 평소처럼 출근했다. 민서는 관해 요법(백혈병 항암치료의 첫 단계로 백혈병 세포를 5% 미만으로 없애는 치료)을 시작한 뒤, 절대호중구수가 떨어져 호중구 수치를 올려 주는 주사(사이토킨)을 매일 팔에 맞는 치료를 받고 있었다. 어느 날 여동생이 병문안을 왔다. 오랜만에 만난 쌍둥이 동생과 놀던 민서는 병실에 들어선 날 보고 서럽게 울기 시작했다. "나 주사 맞기 싫어. 왜 맨날 맞아." 그러면서도 민서는 순순히 한쪽 팔을 내게 내밀었다. 평소에 울고 보채는 아이가 아니었다. 건강한 동생과 달리 자신은 주사를 맞아야 하니 억울했던 모양이다. 동생은 오빠의 모습이 낯선 듯한 걸음 뒤로 물러섰다. 난 그들만의 평화로운 오후에 찬물을 끼얹는 훼방꾼이 된 것 같았다. 우는 아이를 안아 달래는 엄마는 지쳐 보였다. 아직 병과 치료를 이해하지 못하는 어린 자식들의 상처를 돌보느라 자신의 고단함은 뒤로 밀려난 지 오래였다. 이제야 현미경을 들이댄 듯이 세밀하게 보였다. 가족 중 누구 하나 아프지 않은 사람이 없었다. 내가 간호해야 할 것은 비단 아이가 아니었다. 가족의 아픔도 감싸 안아 주는 간호사가 되어야 했다.

5

소아암 아이 엄마의 눈물

어린이 병원 8층, 12호실

어린이 병원 8층에는 소아암 병동과 소아 정신 병동이 있었다. 의도적인 배치인지 모르겠지만 두 병동 모두 외부인의 출입이 통제된 폐쇄병동이다. 수년간 8층을 오가며 생각했다. '저 문 너머에서 일어나는 끔찍한 고통은 언제쯤 끝날까? 저들은 언제쯤 남들처럼 평범하게 하루하루를 살 수 있는 걸까?' 여느 20대 초반 직장인처럼 예쁜 옷을 입고 곱게 화장하고 출근하는 날이면 아이 엄마들에게 괜히 더 미안해지곤 했다. 나는 일상을 누리고 있으니까. 그런 생각도 잠깐, 무겁게 침전하는 마음을 안고 자동문 스위치를 누르고 병동 안으로 향했다.

병동 복도를 쭉 따라 들어가면 나오는 복도 끝 오른쪽 코너에 12호실이 있었다. 병동에 두 개뿐인 2인실 중 하나다. 아이들의 상태가 악화되면 옮기거나 VRE(반코마이신내성장구균) 같은 슈퍼박테리아가 나오면

1인실로 만들어 격리하는 곳이었다. 그래서인지 12호실에는 유독 슬픔
이 많이 서려 있다.

어느 엄마의 울부짖음

15살 세원이는 급성골수성백혈병을 진단받은 남자아이였다. 세원이
는 학교 다닐 때 제법 공부도 잘했고, 부모님을 따라 해외여행을 즐겨하
며 유복하게 자란 엄친아였다. 그래서인지 세원이 엄마는 아이에 대한
애착이 유난히 심했다. 아이가 아파하는 모습을 보면 자신이 더 힘들어
했다. 아이에게 작은 문제라도 생기면 담당 간호사가 경련하는 환자를
보느라 정신이 없든 말든 별로 관심이 없었다. 다짜고짜 따라다니며 요
구사항을 늘어놓곤 했다. 한 마디로 간호사들이 피하는 엄마였다.

엄마의 지극정성에도 불구하고 세원이의 병세는 순식간에 악화됐고
12호실로 옮겨졌다. 세원이가 세상을 떠나던 날, 난 담당 간호사였다. 가
느다랗게 몰아쉬던 숨결이 끊기고 주치의가 사망신고를 했다. 그 순간
세원이 엄마가 갑자기 침대 위로 기어 올라갔다. 싸늘하게 식어가는 아
들의 몸을 끌어안고 짐승처럼 울부짖기 시작했다.
"세원아, 엄마는 어떡하라고…… 엄마랑 같이 집에 가자…… 우리 아
가, 눈 좀 떠 봐. 엄마 여깄잖아……."

가끔은 얄미울 때도 있었던 아이 엄마에게 연민이 느껴졌다. 아이는 엄마에게 조건 없는 사랑이었구나. 평소 세원이 엄마의 태도가 조금은 이해가 됐다. 그날은 내게도 처음이었다. 죽음을 직접 보는 건. 하지만 나는 어떤 말을 해야 할지 어떤 표정을 지어야 할지 모르고 지켜 볼 수밖에 없었다.

소설가 박완서가 장성한 아들을 잃고 쓴 일기인 『한 말씀만 하소서』를 보면, 이런 말이 나온다. "참척(부모보다 자식이 앞서 세상을 떠나는 것)을 당한 어미에게 하는 조의는 그게 아무리 조심스럽고 진심에서 우러나온 위로일지라도 모진 고문이요, 견디기 어려운 수모였습니다." 엄마 박완서는 주위에서 머뭇대며 '위로의 말'을 건네려는 사람들에 대한 일화를 여러 번 반복하며 불편한 심경을 표현했다. 어쭙잖은 위로는 오히려 자식을 떠나보낸 어미를 더 힘들게 만들고 고통스럽게 하니 그러지 말아 달라는 무언의 외침으로 들렸다. 즉, 자식을 잃은 부모에게는 그 어떤 것도 결코 위로될 수 없다는 소리다. 그러니 그 순간 내가 할 수 있는 건 아무것도 없는 게 당연했다. 스러진 아들 앞에 엄마 홀로 미어지는 가슴을 부여잡을 뿐이었다.

함께 의지하며 투병 생활을 하던 동지 같은 아이가 하늘나라로 떠나면 병동은 온통 눈물바다가 됐다. 그 누구도 아이 엄마에게 다가가지는 못

하고 멀찌감치 서서 서로를 부둥켜안고 흐느꼈다. 언제 끝날지 모르는 아이의 항암 스케줄과 실랑이하며, 좁은 보호자 침대에서 허술한 끼니를 때우며 강해져 간 엄마들이었다. 자신이 슬퍼하면 다른 엄마들까지 무너질까 봐 웬만해선 눈물을 보이지 않던 엄마들이지만 드리운 죽음 앞에선 울음을 참지 못했다. '다음은 내 아이의 차례일까?' 하는 두려움까지는 어쩔 수 없었던 거다.

어느 엄마의 노래

초등 2학년이 된다는 민주는 신경모세포종이 재발해 항암치료를 받으러 온 예쁜 여자아이였다. 겁이 많던 아이는 주삿바늘이 들어가기도 전에 몸부림을 치며 고함을 지르곤 했다. 그런 민주에게서 슈퍼박테리아가 나오면서 격리된 지 2주가 지나고 만성 영양불량 상태가 진행되고 있었다. 두 번째 항암인 탓에 이미 제 기능을 못 하는 장기들을 대신해 아이의 가녀린 몸에는 중심정맥관과 농양 배액관부터 유치 도뇨관, 요로더블J관까지 갖가지 의료기구들이 두서없이 매달려 있었다. 새해를 축복하듯 눈보라가 휘몰아치던 어느 날, 민주의 병실에서 찬송가가 나지막이 흘러나오고 있었다.

"사랑하는 내 딸아, 사랑하는 내 딸아……."

초점 없이 누워 있는 딸의 손을 잡고 주문을 외듯이 읊조리는 민주 엄마의 얼굴을 보는 순간 내 숨이 멎을 것만 같았다. 며칠 뒤에 본 민주는 기좌호흡(숨쉬기가 어려울 때, 앉아서 몸을 앞으로 굽힌 채 숨을 쉬는 호흡) 상태로 유난히 더 힘들어 보였다. "간호사님, 주치의 좀 불러주세요. 오늘 아직 한 번도 안 오셨어요. 교수님도 우리 민주만 안 보고 가네요. 주치의가 더 이상 해 줄 게 없대요." 강하게만 보였던 민주 엄마는 눈물을 흘리고 있었다. 나는 차마 그것이 무엇을 뜻하는지 엄마에게 말할 수 없었다. 아이에게 남은 시간이 길지 않다는 것을. 대신 나는 스테이션으로 돌아와 내일모레면 부서 이동을 하는 주치의에게로 가서 격양된 목소리로 말했다. "선생님, 민주 숨쉬기 힘들어한다고요! 어제부터 더. 눕지도 못해요, 이제. 손에 마스크 꼭 잡고 놓지도 못해요. 한번 좀 가 보시라고요!" 사실 주치의가 가 본들 달라지는 것은 없었다. 하지만 그렇게라도 해야 민주 엄마 편에 서 주는 거로 생각했다. 다음 날 밤 민주는 내가 없는 12호실에서 하늘나라로 떠났다.

민주가 떠나고 아무것도 해 준 게 없는 것 같아서 죄책감이 들었다. 한없이 약해진 내 환자를 위해 간호사로서 할 수 있는 건 그저 옆에서 세심하게 지켜보는 것, 작은 목소리에 귀 기울여 내 몸의 불편처럼 먼저 알아차려 주는 것뿐이었다. 지친 엄마에게는 당신의 하소연을 내 가족의 이야기처럼 고개 끄덕이며 들어주는 것밖에는 해 줄 것이 없었다. 나는 환자와 가족들의 마지막 안위를 위해서 그 어떤 의학 기술과 간호 수기보다 더 중요한 것은 정서적인 교감이란 걸 마음에 새겼다.

12호실을 보면 엄마들의 아픈 이별이 떠오르곤 했다. 하나하나 구구절절하지 않은 사연이 없었다. 간호사 시절 어린 나이에 요단강 같은 소아암 병동의 모든 것이 어렵고 감당하기 힘든 감정의 연속이었다. 지금 와서 돌아보니 나에게 그곳에서 5년은 세상의 아픈 이를 돌보는 간호사로서 참 많이 성장한 시간이기도 했다. 간호사가 된 지 10년도 더 지나 강산도 바뀌는 시간이 흘렀다. 내가 함께했던 그 시절 엄마들의 나이가 되고 금쪽같은 내 아이를 가져 보니 뼛속까지 공감이 된다. 꽃다운 청춘이었을 엄마들의 시련과 삶의 무게가 얼마나 견디기 힘들었을지.

6

이곳은 관계자 외 통제구역, 무균실입니다

미지의 공간, 무균실로

소아암 병동은 일반 병동과는 구조가 좀 달랐다. 한쪽 벽면에 번호 키를 누르고 들어가야 하는 비밀의 문이 두 개 있었다. 문 옆으로는 파란색 불빛을 뿜는 스테인리스 패스박스가 있었는데 거길 통해 외부의 물건이 안으로 들어갔다. 패스박스로 훔쳐보면 안이 슬쩍 보였다. 나중에 알고 보니 무균실이었다. 무균실은 조혈모세포이식이나 골수이식을 하는 곳, 일명 이식 방이다. TV에서만 보던 무균실이 병동 안에 있는 게 신기했다. 벽 하나 사이에 둔 미지의 공간은 내 호기심을 자극했다. 신규 시절 무균실에서 하늘색 헤어 캡을 벗으며 병동으로 나오는 선배 간호사를 보면 나와 다른 세상 사람처럼 대단해 보였다. 백방으로 능수능란한 선배 간호사들이 멋져 보였다. 그에 반해 난 병동 일조차 감당하기 어려워 허덕이며 하루살이처럼 근근이 버텼고, 시간은 빠르게 흘렀다.

2년 후, 신규였던 나에게도 후배들이 하나둘 생겼고 무균실에 들어갈 짬밥을 채우게 됐다. 수간호사 선생님께 내가 무균실에 들어가게 됐다는 말을 들었을 때 양가감정이 들었다. 드디어 내가 무균실에 들어가는 건가 하는 이식 간호에 대한 설렘과 동료들이 없는 무균실에서 나 홀로 환자들을 잘 간호할 수 있을까 하는 걱정이었다. 하지만 소아암 병동 간호사라면 피할 수 없는 상황이었다.

내가 가게 된 곳은 무균실 2번방(무2)였다. 주로 자가 조혈모세포이식을 하는 곳이었다. 조혈모세포는 백혈구, 적혈구, 혈소판 등을 만드는 세포인데, 이식 전에 자신의 말초 조혈모세포를 채집해 두었다가, 치료 후 자기 조혈모세포를 다시 이식받게 된다. 무2와는 달리 무균실 1번방(무1)에서는 골수이식이나 동종이식(형제, 자매, 부모 등 혈연관계 또는 비혈연 관계의 공여자에게 조혈모세포를 받는 것)을 했다. 무2에 비해 무1 환자들은 자기 세포를 이식하는 것이 아니라서 면역억제도 해야 하고 생착 과정에서 부작용 가능성도 높았다. 그래서인지 간호의 강도 측면에서 무2로 가게 된 것에 조금은 안도감이 들었다.

조혈모세포이식에 숨겨진 희망과 고난

　무2 환자는 혈액암보다는 주로 고형암(주로 신경모세포종, 뇌종양 등)
이 많았다. 환자들은 항암치료를 먼저 진행하고 나서 최후의 보루로 조
혈모세포이식을 선택했다. 지푸라기라도 잡고 싶은 심정으로. 일반적으
로 기능하지 못하는 장기를 바꿔 주는 이식과는 목적이 조금 다르다. 새
로운 세포를 준다는 것과 별개로 고용량 항암치료를 강행해서 세포분열
이 빠른 암세포의 성장을 원천 봉쇄하려는 마지막 치료 수단 중 하나였
다. 그래서인지 이식을 앞둔 아이의 부모에겐 희망과 두려움이 공존했
다. 무균실에선 평소에 맞던 항암제보다 훨씬 더 많은 양의 센 항암제를
투여하기에 아이가 잘 버텨줄까? 모아 두었던 조혈모세포에 암세포가
남아 있으면 어쩌지? 이식한 조혈모세포가 잘 생착할까? 등등. 이번이
제발 마지막 치료가 되기를 우리는 한 마음 한뜻으로 간절히 바랐다.

　조혈모세포이식은 스케줄에 따라 1주일 정도의 고용량 항암제를 투여
받은 뒤에 이루어졌다. 이식은 수혈받는 것과 비슷했다. 새빨간 색의 혈
액과는 달리 수박 주스처럼 옅은 색을 가진 조혈모세포가 1팩당 10분 내
외로 후루룩 들어간다. 이식 전 고생에 비하면 이식 자체는 생각보다 단
순하고 간단해서 허무한 생각마저 들었다. 이식에서 간호사가 하는 일
은 조혈모세포가 주입되는 동안 활력징후를 측정하고 응급 상황이 생기

지는 않는지 관찰하는 것이었다. 다행히 자가 조혈모세포이식 자체는 순조롭게 잘 끝나는 경우가 많았다. 문제는 고용량 항암치료 후에 절대호중구수가 곤두박질치는 일주일 전후에 일어난다. 면역 수치가 떨어지면, 고열로 시작되는 생사의 사투가 시작됐다.

무균실은 헤파필터를 통해 공기정화가 되고 외부 공기와 철저하게 차단된다. 밖에서 안에 들어갈 때도 방진복을 입고 헤어 캡을 해야 들어갈 수 있었다. 그런 무균실의 문이 뻥 뚫리는 사건이 발생했다. 그것도 내가 근무하던 그 순간에. 신경모세포종이었던 8살 소연이가 무사히 이식받고 며칠이 지나던 어느 날, 활력징후가 심하게 흔들리기 시작했다. 무균실에서는 자동혈압계를 쓰지 않고 수은혈압계를 소독해서 사용했는데, 수축기압이 잡히지 않았다. 내가 잘못 들은 것은 아닌가 싶어서 몇 번을 재측정하는 사이 아이의 의식이 순식간에 흐려지기 시작했다. 패혈성 쇼크가 온 것이다.

급하게 병동으로 전화를 걸어 응급 상황을 알리고 도움을 요청했다. 내가 혼이 빠져 쓰러질 것만 같던 순간이었다. 별안간 무균실에서 뜬 코드블루에 철통같았던 무균실 문이 활짝 열리고 수많은 의료진이 무리 지어 쏟아 들어왔다. 응급카트(심폐 소생술에 대비해 응급의약품, 기도삽관 물품 등을 준비해 둔 카트)를 무균실에 들어와서까지 쓰게 될 줄이야.

촌각을 다투는 긴박함 속에서 무균이고 뭐고 이미 뒷전이었다. 아이의 침대 옆으로 둘러싸진 무균 커튼을 걷어 재끼고 떨어지는 혈압을 붙잡으려 심폐 소생술이 이어졌다.

아비규환 속에서 아이는 누워 있던 침대 채 그대로 소아 중환자실로 옮겨졌다. 주치의가 아이의 가슴 위에 올라타 앰부백(수동식 인공호흡기 마스크)을 짜며 따라갔다. 창가 바로 옆 텅 빈 공간만 덩그러니 남은 아이의 자리를 보니 다리가 풀렸다. 손과 가슴이 떨려 현장도 상황도 뭐 하나 정리할 수가 없었다. 그 와중에도 내 머릿속엔 걱정이 한 바가지였다. '이걸 언제 다 챠팅(Charting, 간호기록)하지…….' 이것이 과연 일개 3년 차 간호사인 내가 감당할 수 있는 일인 건가 싶었다.

무균실 간호사 생활을 통해 배운 깨달음

병실 하나 크기 정도인 무2 내부는 오른쪽 벽을 따라 투명한 비닐 커튼으로 둘러싸인 병상이 3개가 나란히 있었다. 왼쪽으로는 창가 쪽에 보호자 화장실, 병동과 무균실 사이에 물품들이 오가는 패스박스 앞쪽에 간호사 책상과 약물 준비대가 있었고, 화장실과 간호사실 사이에 무균 병상이 하나가 벽에 길게 붙어서 있었다. 그래서 무2의 병상은 총 4자리였다. 좁은 공간 속에 병상을 하나라도 더 만들기 위해 억지로 욱여넣은 느낌이 들 정도였다.

　그래서인지 간호사실과 마주 보고 있는 자리에 배정받은 환자와 보호자에게는 늘 미안한 마음이 들곤 했다. 보호자 침상이 간호사나 보호자들이 지나다니는 통로에 놓여 있어 굉장히 불편한 공간이었다. 밤 근무를 할 때면 스탠드 불을 켜고 모니터를 항상 켜 놓고 업무를 해야 했는데 불빛과 자판 두드리는 소리에 직방으로 노출될 만한 거리였다. 하지만 가까운 거리만큼이나 아이나 보호자와 더 가까워진다는 장점이 있기는 했다. 오더를 확인하거나 챠팅을 하다가 고개만 살짝 들면, 아이가 침대 위에 우두커니 앉아서 '간호사쌤은 뭘 하나?' 하는 눈빛으로 날 바라보고 있곤 했으니까. 그렇게 눈이 마주치면 자연스럽게 이런저런 이야기가 오가곤 했다. 지금은 소아암 병동이 리모델링을 해서 병동 자체가 옮겨졌다고 한다. 생활하기 다소 열악했던 무2가 이제는 내 추억 속에만 남게 되어서 정말 다행이긴 하다.

　무균실에 들어오면 아이들에게 허락되는 공간은 오직 싱글 사이즈 침대뿐이다. 침대 위에서 밥도 먹고 잠도 자고 대소변도 해결해야 한다. 한창 뛰어놀아야 할 나이의 아이들에게는 무균실에서 제한된 생활을 하는 것 자체가 스트레스가 될 수밖에 없는 환경이다. 아이들이 답답한 무균실에서 노는 모습을 보면 역시 아이는 아이구나 싶은 생각이 들 때가 많았다. 외부의 물건과 직접 접촉하지 못하기 때문에 소독된 일회용 위생 봉투나 비닐장갑은 무균실 생활의 필수 물품인데, 아이들은 위생 봉투를 장난감 삼아 바람을 불어 넣은 뒤 네임펜으로 사람 얼굴을 그리며 놀았다. 처치할 때 쓰는 의료용 장갑에 물을 넣어서 공을 만드는 아이도 있었다. 어떤 아이는 반창고를 여러 번 접고 또 접어서 딱지처럼 만들어서 거기다가 볼펜으로 꽃, 새, 공주를 그리기도 하고 '사랑해요♡'라고 써서 선물이라며 내게 건네기도 했다. 아이들이 저마다 기발한 방법으로 노는 모습을 보면 이가 없으면 잇몸으로 산다는 말을 이럴 때 하는 거구나 싶었다.

나는 무균실에서 2년을 채우고 다시 병동 간호사로 복귀했다. 성인 암 환자(위암, 대장암, 유방암 등)와 달리 소아의 경우 조혈모세포이식을 흔히들 한다. 소아암 치료에서 큰 부분 중 하나인 셈이다. 무균실 로테이션 경험은 모든 걸 혼자서 판단해야 해서 부담이 크고 조마조마한 일투성이인 모험이었다. 하지만 소아 항암 간호사로서는 근거 있는 자신감을 가지게 해 주었다. 아이들의 치료과정을 더 폭넓은 시선으로 볼 수 있게 되었고 보호자들과 나눌 수 있는 이야기도 더 많아졌다. 힘들었던 만큼 분명히 난 한 단계 업그레이드됐다.

스펜서 존슨의 『누가 내 치즈를 옮겼을까?』에는 치즈가 점점 줄어드는 현실 속에서 상황을 탓하지 않고 발 빠르게 새로운 치즈 스테이션을 찾아 나서는 두 쥐 스니프와 스커리가 나온다. 반면 오래된 일상의 편안함에 젖어 변화를 거부하는 두 인간 헴과 호의 모습을 대비해서 보여 준다. 헴과 호는 새로운 치즈를 찾는 걸로 갈등한다. 결국엔 호 혼자서 새로운 치즈를 찾아 나서게 되고 호는 치즈도 찾고 변화에 대한 두려움도 떨쳐버릴 수 있었다. 변화하는 환경에 늘 대비하고 미리 준비하고 즉각 반응하면 현실이 무섭지 않고 얻는 것도 많아진다.

병원에서 간호사로 근무하면 로테이션(Rotation, 부서 이동)을 주기적으로 할 수밖에 없다. 적응하기가 무섭게 다른 공간에서 다른 간호사의 역할을 요구받는다. 그럴 때마다 병원이란 큰 조직 속에서 '나는 누구인가? 어디에 던져지더라도 제 할 일만 잘하면 되는 건가?'라는 존재감에 대한 회의감이 들기도 한다. 변화는 누구에게나 늘 주저되고 부담스럽게 다가온다. 하지만 시간이 지나고 보면 한층 성숙해진 나를 발견하게 한다. 그 과정엔 물론 용기와 도전 의식이 수반되지만 새로운 것을 받아들이기로 마음먹는 순간 또 다른 나로 다시 태어나는 것이다. 존재 자체로 환영받고 노련한 간호사로 말이다. 간호사로 소아암 병동에 첫발을 내딛는 순간부터 궁금한 곳이었던 무균실까지 경험했다. 나는 기꺼운 마음으로 받아들이고 또 배웠다. 비로소 소아암 간호의 세계를 제대로 한 바퀴 훑은 것 같았고, 온전한 간호사가 된 기분이 들었다.

7

서툴러도 괜찮아

누구나 처음은 다 그렇다

팍팍했던 신규간호사 생활 속에서도 꿈에 그리던 서울에서의 삶은 나를 설레게 했다. 자취하던 홍대 집에서 대학로에 있는 병원으로 출근할 때면 나는 어김없이 273번 파란색 버스를 탔다. 버스는 서울 시내를 돌고 돌아 광화문을 지나갔다. 뉴스에서나 보던 광화문 사거리 세종대왕 동상을 보고 있으면 괜히 마음이 몽글몽글해졌다. 광화문의 랜드마크인 교보문고 한쪽 벽면에는 눈이 갈 수밖에 없는 커다란 캘리그래피 글귀가 늘 걸려 있었다. 하나같이 영혼을 울리는 말들이었다. 짧지만 무거운 한마디 문장은 지친 나에게 건네는 위로처럼 느껴질 때가 많았다. 그래서 남몰래 혼자 울컥하곤 했다.

광화문 글판으로 유명한 캘리그래피스트 박병철의 「누구나 처음은 다

그렇다」는 신규간호사로 방황하던 때, 내 손을 잡아줬다.

밟지 말자 꺾지 말자
생명이 아닌 게 없다
누구나 시작은 어린잎이었다

같이 가자 손잡고 가자
희망이 아닌 게 없다
누구나 처음엔 걷지도 못했다

'누구나 처음엔 걷지도 못했다.', 짧은 이 한 문장은 낯선 사회에 첫발을 내딛는 청춘들에게 보내는 희망의 메시지였다. 처음부터 능숙할 수는 없다고, 서툰 것은 당연한 거라고 우리를 토닥여준다. 시간이 지나면 다 괜찮아진다고 힘내라고 격려해 준다. 인생 선배의 진심 어린 마음은 나의 신규 시절, 아슬아슬하고 힘들었던 시간을 버텨 낼 수 있게 용기를 줬다.

돌이켜보면, 신규간호사 시절은 기억하고 싶지 않은 암흑기기도 하지만 나를 단단한 어른으로 만들어 준 시간이기도 했다. 다시 돌아간다면 끔찍하기도 하지만 그 시간이 있었기에 지금의 내가 있다고 생각하면 한편으론 대견하고 감사한 마음도 든다. 신규 시절엔 하루하루가 살얼음판

위를 걷는 듯했다. 언제 부서지고 깨질지 모르는 불안감이 항상 내 뒤꽁무니를 따라다녔다. 비단 나만 그런 건 아니었다. 나와 함께 발령받은 동기 혜 언니는 임상 경력 1년만 딱 채우고 그만두겠다고 버티더니 정말 1년이 지나 사직서를 냈다. 원래 미술을 전공하다 간호학과에 다시 가서 간호사가 된 케이스였는데도 결단이 확고했다.

그때 난 동기 혜 언니에게 어떻게 된 간호사인데 다시 한번 더 고민해 보라고 말해 주지 못했다. 병원 생활은 의지만으로 감당할 수 있을 만큼 녹록지 않았으니까. 나를 온전히 내려놓고 아픈 환자를 간호하는 것, 만능 팔을 가진 가제트처럼 별걸 다 해내야만 하는 간호사의 일, 수시로 밤낮이 바뀌는 3교대, 선배 간호사들과의 보이지 않는 위계 관계…… 하나부터 열까지 다 생각만큼 쉬이 익숙해지지 않았나. 누구에게나 신규의 시간은 축축하게 젖은 옷을 입고 걷는 듯 무겁고 더디게 갔다.

하지만 '가시에 찔리지 않고서는 장미꽃을 모을 수 없다.' 했다. 무슨 일이든 고생하지 않고서는 내 것으로 만들 수 없다는 의미다. 고통을 감당해야만 이전의 나보다 성장하고 발전할 수 있다. 신규간호사일 때는 매일 뾰족한 가시에 찔려 몸과 마음이 쓰라리고 따가웠다. 어떤 날은 내 환자의 위중한 상태로, 어떤 날은 보호자의 날이 선 컴플레인(Complain)으로, 어떤 날은 선배 간호사의 끊임없는 다그침에, 어떤 날은 의사들의 개념 없는 오더에, 어떤 날은 다른 부서 직원들의 밑도 끝도 없는 막말에……. 내게 닥친 모든 사건이 생살을 도려내듯 날카로워서 도망치고 싶기만 했다. 시간이 약이라더니 어느 순간부턴가 간호사 일도 인간관계도 돌발상황도 내 마음 다치지 않고 다룰 수 있는 경험치가 늘어나기 시작했다. 상처에 굳은살이 생기듯 나도 시나브로 단단해져 갔다.

신규간호사는 지금 내공 충전 중

조혈모세포이식이 끝나고 무균실에서 나오는 환자는 기본적으로 수액 펌프(정확한 용량이 혈관으로 들어가야 하는 수액이나 약을 자동으로 주입해 주는 전자장치)를 3개에서 많으면 7개까지 달고 나왔다. 무균실 간호사가 수액 펌프를 주렁주렁 달고 위태롭게 선 폴대를 밀며 환자를 퇴실시키는 모습을 보더니 한 아이 엄마가 말했다. "아우, 세상에. 메뚜기 떼 같네!"

그 말에 나는 피식 웃음이 났다. 대박 일거리로만 보이는 내 눈과는 달리 제삼자의 눈에는 메뚜기들이 다닥다닥 붙어 있는 모습처럼 보일 수도 있구나 싶었다. 신규일 땐, 수액 펌프 하나하나에 연결된 수액 줄을 정리하는 게 어려워서 이식 후 환자를 담당하는 게 너무나 부담스러웠다. 수액 줄을 엉키지 않게 깔끔하게 정리하는 건 여러 번 해 봐도 어려운 숙제였다. 하지만 제대로 해놔야 우리 팀 간호사들이 약물을 투여하거나 수혈할 때 편하니 심혈을 기울일 수밖에 없었다. 애를 써서 한다고 했는데도 수액 줄마다 길이가 제각각이면 나부터도 마음에 들지 않았다. 운이 안 좋으면 수액 줄 연결부위가 두 동강 나서 수액이 줄줄 샐 때도 있었다.

간호사는 주사만 안 아프게 잘 놓는다고 되는 게 아니었다. 환자가 움직이는데 불편하지 않게 반창고를 깔끔하게 붙이고, 수액 세트에 혈액이 역류하지 않게 수액이 다 들어갈 시간을 기억해야 하고, 검사실과 검사 스케줄을 잘 조율해야 하고, 잘못된 오더를 제대로 거를 줄 알아야 하는 등 간접적인 간호도 잘할 줄 알아야 했다. 하나하나 시행착오를 겪으며 진짜 간호사 일에 익숙해지는 수밖엔 달리 방법이 없었다. 그래서인지 그 당시에 난 수액 줄을 깔끔하게 잘 정리하는 선배 간호사들의 실무 스킬을 눈여겨보곤 했다. 그런 간호사들은 단연 일도 일사불란하게 잘해서 배울 점도 많았다.

소아를 돌보는 암 병동이라는 특성상 수액 펌프가 많아서인지 센서 음과 간호사를 호출하는 호출 벨이 시도 때도 없이 울려댔다. 수액 줄이 꺾여서, 약물이 다 들어가서, 공기가 유입돼서도 소리가 났다. 펌프 센서 자체가 고장이 나서도 종종 삑삑거리는 소리가 났다. 돌아서면 울리는 센서 음으로 노이로제에 걸릴 것만 같았다. 가끔은 정말 환청이 들리기도 했다. 특히 밤 근무를 할 때면 스트레스는 더 심해졌다. 선배들과 함께 근무하면 신규는 항상 귀를 쫑긋 세우고 선배들보다 먼저 움직여야 했다. 졸음이 몰려와서 잠결에 못 듣거나 한발 늦기라도 하면 불호령이 떨어졌다. "신규간호사님, 뭐해? 2호실 삑삑거리는 소리 안 들려?"

아니꼬운 게 많은 선배 간호사는 하나 같이 존댓말인지 반말인지 헷갈리는 말투를 구사했다. 나를 부르는 기계음 소리보다 사람의 목소리가 더 예민하게 다가왔다. 핑계처럼 보일 수 있지만 이상하게도 신규 때는 정말 센서 음 소리가 잘 안 들렸다. 실제로 신규 때는 여러 가지 기억해야 할 것도 많고 챙겨야 할 것도 많은 간호업무를 하다 보면 멀티플레이가 잘 안될 때가 많은 것도 사실이다.

환자 파악을 하는 것도 약물을 준비하는 것도 다 어려웠다. 1시간을 일찍 와서 준비해도 빠듯하게만 느껴졌다. 출근하자마자 먹는 약과 항암 전 처치, 항생제 등 주사약을 섞어서 수액 세트를 준비해 뒀다. 원칙대로라면 그리하면 안 되지만 그렇게 해놔도 분 단위로 들어가는 약 더미에 치이기 일쑤였다. 워낙 다양하고 방대한 약물을 사용하는 병동이다 보니 약마다 섞는 방법이나 전 처치 약물, 투여 방법도 제각각이었다. 그래서 그걸 온전히 외우는 것도 만만치 않았다. 약이나 수혈이 추가 오더로 나면 약 시간이 엉망진창으로 엉클어져서 손 델 수 없는 테트리스를 보는 듯한 절망감이 몰려왔다. 어디서부터 손을 대야 할지 감이 안 와서 발만 동동 굴렸다. 쌓여있는 약을 투여하다가 추가 오더로 난 수혈을 못 하는 경우도 허다했다. 사방팔방으로 뛰어다니는데도 일은 구멍이 뻥뻥 뚫렸다.

웬만하면 미리 의무기록을 읽어 환자 상태를 파악하고 오더를 확인한 후에 인수인계를 받았다. 인계를 주는 것도 아니고, 인계받는 처지지만 신규인 난 늘 총알받이가 됐다. 알고 있던 것도 선배 간호사가 불쑥 물으면 머릿속이 새하얘지곤 했다. 간호대학에서 배웠지만, 모든 지식이 리셋되서 A부터 Z까지 다 다시 배우고 있다는 느낌이 많이 들었다. 나도 답답하고 선배 간호사들도 답답한 순간들의 연속이었다.

물론 힘든 시간이다. 중요한 건 내가 못나고 멍청해서 나만 특별히 겪은 과정이 결코 아니라는 점이다. 신규간호사, 모든 사회초년생이라면 누구나 이겨내야 할 필수코스일 뿐이다. 어느 날 후배 간호사가 침울한 마음을 내게 하소연했다. 나는 후배에게 말했다.

"누구에게나 처음은 있어. 처음엔 다 서툰 거고. 물론 나도 그랬고. 조금 서툴러도 괜찮아. 점점 익숙해지게 되어 있으니까."

나는 자신 있게 말해 줄 수 있었다. 신규 시절 나 또한 도통 늘지 않는 일에 나 자신을 많이 자책했었고, 선배들에게 민폐를 끼치지 않고 일할 수 있는 날이 오길 간절히 바랐다. 결국 시간이 답이었다. 인내는 쓰나 그 열매는 달다고, 나중에는 오히려 소아암 병동 신규라서 다행이라는 생각이 들 정도였다. 시간을 견뎌내고 얻은 노하우는 나만의 방식으로 남았다. 내가 저지른 실수를 가장 오래 기억하는 사람은 바로 나 자신이기 때문이다. 우여곡절이 많으면 그만큼의 내공도 함께 쌓인다는 걸 신규간호사들이 기억했으면 좋겠다.

8

태움 문화 대신 세움 문화

누구에게나 올챙이 시절이 있다

불과 몇 년 사이에 '태움'이라는 단어는 마치 신조어처럼 되어 버렸다. 내가 간호대학을 다니고 병원에서 일하던 2000년대 초중반만 해도 간호사 집단에서만 흔히 통용되던 은어 정도였다. 그 시절 말로만 듣던 악명 높은 태움이 무섭긴 나도 마찬가지였다. 간호 학생 때 임상 실습을 하다가 한 경력간호사가 고무줄로 동여맨 빨간, 검정 볼펜을 손에 쥐고 신규 간호사의 머리를 콩콩 내리치며 질책하는 모습을 볼 때, '이게 말로만 듣던 태움이구나.' 싶었다.

숨긴다고 가려지지 않는 게 진실이라고 태움의 그림자도 오래되지 않아 만천하에 드러났다. 악담, 폭언, 폭행 등 괴롭힘을 견디지 못하고 스스로 목숨의 끊는 간호사들의 비보가 심심찮게 뉴스 기사로 보도되고 있다. 억울하게 떠나간 동료 간호사들이 안타까우면서도, 간호사라는 직업에 대한 사회적 관심이 그만큼 커졌다는 걸 반증하는 것이 아닐까 싶기도 하다. 악질 문화가 대수롭지 않게 덮이지 않아서 다행이다. 그러면서도 자극적인 헤드라인으로 간호사 집단만의 문제처럼 과대 포장하는 일각의 시선에는 마음이 불편하다. 왜냐하면 임상을 떠났지만 나는 여전히 간호를 사랑하고 뼛속까지 간호사이기 때문이다.

나는 태움을 실제로 보고 듣고 겪은 사람으로서, 태움 하면 '개구리 올챙이 적 생각 못 한다.'라는 옛말이 떠오른다. 태움 문제를 해결하기 위해선 법이나 제도 차원의 장치도 분명 필요하지만, 간호사 개개인의 마음가짐을 새로이 하는 것이 먼저라고 생각한다. 제도나 장치는 속임수를 쓰는 편법이 생기기 마련이니까.

봄기운과 함께 개울가를 떠다니던 개구리알들은 어느 순간 꼬리가 나오고 올챙이가 되어 얇은 막을 뚫고 나온다. 그러다가 뒷다리가 쑥, 다음엔 앞다리가 쑥 나와 전혀 다른 생명체 같은 모습을 한 개구리로 변한다. 불과 한 달여의 짧은 기간 동안 일어나는 변태 속에서 개구리는 자신이 나약했던 시절을 깨끗하게 잊는다고 한다. 개구리 올챙이 시절 모른다는 말은 지난 시절의 어려움을 이미 극복해 본 경험의 격차에서 나오기도 하고, 단순히 시간이 지나 기억이 희미해져서 겸손하지 못한 행동을 해서 나오기도 한다. 어쩌면 경력간호사들이 개구리처럼 신규간호사 시절의 기억이나 경험을 잊고 자신이 원래부터 개구리였던 것처럼 교만하게 행동해서 태움이 이어지는 것은 아닐까.

개구리의 측면에서 보면 어쩌면 올챙이 적을 생각 못 하는 것이 당연한 것처럼 느껴지기도 한다. 원래도 사람 마음은 죽 끓듯 변덕스러워서 화장실 들어갈 때와 나올 때도 다르다고들 말한다. 하물며 전쟁터 같은 병원 생활을 수년간 하고서 산전수전 다 겪으며 경력자가 되어 가는 세월 속에서 신규의 처지를 기억하는 게 쉽진 않다. 하지만 내가 받았던 태움의 교육방식을 대물림하며 고스란히 되돌려주는 현실은 참 슬프다. 개구리는 잊었을 뿐이지 자신도 올챙이였다는 걸 알고 있지 않던가.

누구에게나 다 올챙이 시절이 있다. 올챙이는 시간이 지나면 펄쩍펄쩍 자유자재로 뛰어오를 수 있는 개구리가 되게 마련이다. 하지만 정작 올챙이는 자신과 다른 모습을 한 개구리와 자신을 비교하며 한없이 작아질 뿐, 별안간 자신도 개구리가 될 것이라는 사실을 알지 못한다. 그래서인지 몰라도 먼저 올챙이 시절을 겪어 본 선배가 후배를 끌어 주고 보듬어 주는 게 도리라는 생각이 든다. 코흘리개 어린아이가 서툴게 몸과 마음을 쓰다 실수하면 몰아붙이지 않고 안아 주는 것처럼 말이다.

타 보면 알게 된다

김창옥의 『지금까지 산 것처럼 앞으로도 살 건가요?』에 트라우마에 관한 이야기가 나온다. 영화 〈1987〉에 나오는 박 처장은 군부독재 시절 무고한 시민을 빨갱이로 몰아 무자비하게 잡아들이고 고문한다. 박 처장이 냉혈한이 된 데는 이유가 있었다. 그는 북한 출신으로 공산당이 사랑하는 가족을 죽이는 장면을 눈앞에서 목격한 후, 공산주의를 증오하게 된다. 책에서는 박 처장처럼 트라우마를 겪으며 지옥을 본 사람은 다시 여러 지옥을 만든다고 한다. 지옥을 본 사람이 지옥을 만든다는 말에는 일부 동의는 하지만 얼마나 무서운 합리화인가.

태움으로 곪아 터지는 악순환의 고리는 끊어 내야 한다. 태움을 한 번이라도 당해 본 사람은 태움을 경멸하게 된다. 내 경우는 그랬다. 의료현장에서 경력간호사가 신규간호사에게 공공연히 자행되는 태움은 한 사람을 인간성을 짓밟는 행위였다. 먹고 살자고 하는 일인데, 먹고 살고 싶은 의욕을 송두리째 뽑히게 했다.

운명의 장난이었을까. 나는 태생이 명랑 쾌활, 인사성은 타고났지만, 눈치는 꽝이었다. 이런 내 성향은 병원에서 신규간호사로 살아남는데 큰 핸디캡이었다. 혼이 나도 뒤돌아서면 웃으며 질문을 하니 반성도 없고 속도 없는 사람처럼 보였다. 실상은 어색하고 불편한 분위기가 싫어서 뻘쭘함을 무릅쓰고 그랬던 거였을지라도. 먼저 달려가 선물로 들어온 과일을 깎아 간식 상을 차리고, 점심으로 먹을 메뉴를 선택해서 배달주문을 해야 했지만 그런 거는 영 젬병이었다. 또 선배가 물으면 그저 "다시 알아볼게요, 제가 잘못했습니다, 다시 해 놓겠습니다." 하면 되는데 억울한 상황을 설명하다 보니, 말대꾸하는 당돌한 신규 취급을 받았다. 하지만 단언하건대 내 언행에는 절대 나쁜 의도가 있지 않았다. 갓 대학을 졸업해 사회생활을 몰랐을 뿐.

지금 와서 생각해 보면 병원에서 간호사로 일한다는 건 환자를 돌보는 것만큼이나 인간관계가 중요했다. 3교대를 하며 일거수일투족 인수인계해야 하니 그럴 수밖에 없다. 만약 내가 조금만 더 빨리 깨달았더라면 조금은 덜 타면서 신규 시절을 보낼 수 있지 않았을까 싶다. 그때로 다시 돌아간다면 눈 감고, 귀 막고, 입 다물고 3년을 보낼 것 같다.

어느 날 힘든 거 있냐고 물어본 선배의 관심에 마음을 열고 털어놓은 이야기는 당사자의 귀에 들어갔고, 되려 미움만 더 받게 되었다. 어떤 선배는 선약이 있었던 내가 퇴근 후 같이 밥을 먹자는 제안을 거절했다는 이유로 나를 투명 인간 취급하기 시작했다. 어떤 선배는 "너 같은 애가 병원 오래 다니더라." 하며 뜬금없이 비아냥거렸다. 나에게는 선배들과 조화를 담당하는 마음의 장치가 빠진 것 같은 불행한 생각이 들었다. 선배들과의 인간관계는 정답이 없는 문제처럼 날 졸졸 따라다니며 힘들게 했다.

진정으로 내 손을 잡아 주는 선배 간호사가 있었더라면 얼마나 좋았을까. 외롭고 절망스러운 나날 속에서 나는 홀로 흔들리는 마음을 다잡았다. '병원 문을 나서면 난 간호사가 아니야.'라고 자신에게 말하면서. 나한테는 꽤 효과가 있는 마인드 컨트롤 방법이었다. 병원에서 멍청이처럼 지낸다고 해서 본연의 나까지 버리고 싶지 않았다. 그래서 병원 밖에선 한껏 꾸미고 친구도 만나고, 클래식 기타도 배우고, 책도 읽고, 하고 싶은 공부도 하며 최대한 나답게 살며 스트레스를 풀었다.

무엇보다 태움을 견딜 수 있게 해 준 건 다름 아닌 내가 간호하는 아이들과 보호자들이었다. 한 엄마는 병동 끝 코너에 숨어 액팅 카트 앞에 서서 숨죽이며 울고 있는 내게 다가와 어깨를 두드리며 말했다. "선생님, 너무 우울해하지 마세요. 저 간호사들도 예전에 다 똑같았어요." 아무래도 소아암 병동에는 장기환자가 많아서인지 한 간호사의 성장기를 쭉 지켜본 엄마들도 종종 있었기에 가능한 위로였으리라. 태움과 지침 속에서 가장 많이 한 다짐은 '난 누구보다 병원 오래 잘 다닐 거고, 적어도 후배들 태우는 간호사는 안 될 거야.'였다. 난 경력간호사보다는 선배 간호사가 되고 싶었다.

눈을 가리고 걸어보자

5년 차가 되던 해, 공교롭게도 일을 그만두기로 결심하고 얼마 지나지 않아 프리셉터 교육을 받게 됐다. 돌아보면 임상을 떠나기 1년 전에 선배 간호사의 자세를 생각해 보고 배울 기회가 있었던 것이 참 다행이다. 프리셉터(Preceptor)는 신규간호사인 프리셉티(Preceptee)를 1:1로 도맡아 임상 실무 교육하며 진짜 간호사로 키워주는 어미 새와 같은 역할을 한다. 프리셉터가 된다는 것은 누군가에게 지식과 기술을 전수할 만한 충분한 경력을 갖추었다는 것을 의미하기도 했다. 추위가 여전하던 3월 중순, 나와 비슷한 연차의 간호사들은 의대 건불 앞에서 모여 대기하고 있던 관광버스를 타고 함께 경기도의 깊은 산 속에 있는 한 연수원으로 향했다. 나는 4년 동안 함께 동고동락한 병동 동기와 함께 교육에 참여했다.

가물가물한 교육 일정 중에서 유일하게 하나 또렷이 기억나는 체험이 있다. 바로 '눈 가리고 걷기'이다. 두 사람이 짝이 되어 한 사람은 안대로 양 눈을 가리고, 다른 한 사람이 팔짱을 끼고 짝을 목적지까지 안전하게 안내해 주는 것이었다. 동기 언니 숨은 눈을 가린 내게 가야 할 방향이나 눈앞에 펼쳐진 상황을 자세히 설명해 줬다.

"그냥 앞으로 쭉 걸어가도 돼, 앞에 턱이 있으니까 두 발 정도 더 가서 넘어가야 해. 내가 붙잡고 있으니까 무서워 말고 가 봐."

하지만 눈을 가리니 내 모든 감각이 마비된 기분이 들었다. 한 발짝도 맘 편히 앞으로 내딛기가 쉽지 않았다. 분명 한국말인데 '앞으로 쭉'이 도무지 어디까지를 말하는 건지, 두 발 정도는 어느 정도 보폭으로 가란 뜻인지 이해가 안 됐다. 동기도 옴짝달싹 못 하고 머뭇거리는 내 모습이 꽤 답답했을지도 모르겠다. 그러거나 말거나 난 어느 세월에 끝까지 가서 안대를 벗고 이 어둠에서 벗어날지 막막하기만 했다. 갑자기 눈이 보이지 않는 것에 대한 두려움이 밀물처럼 몰려왔다.

그 순간 나의 신규간호사 시절이 불현듯 떠올랐다.

'맞아! 그때 이런 기분이었어. 내가 누구인지 어디로 가고 있는지도 모르겠고, 선배들이 알려 줘도 내가 잘하고 있는지 의심만 되고 그저 모든 상황이 다 겁났었어. 나름 애를 쓰며 앞으로 가고 있지만 남들은 날 버벅 댄다고 생각했지!'

그랬다. 나도 여느 개구리들처럼 잊어 가고 있었다. 신규간호사의 처지와 마음을 말이다. 왜 한 번에 알아듣지 못하고 재차 반복해서 묻는 것인지, 왜 뭐든 눈치껏 빠릿빠릿하게 하지 못하는 것인지 그들의 눈높이 수준을 잊어 가고 있었다. 신규간호사는 눈을 가리고 앞으로 나가야 하는 사람이고, 경력간호사는 신규간호사를 용감하게 앞으로 나갈 수 있도록 인도해 주는 사람이다. 프리셉터 교육에서 배운 것이 있다면 프리셉티의 입장을 가엾게 여기고 좀 더 친절하고 안심되는 말과 행동으로 그들이 안전하게 앞으로 나아갈 수 있게 안내해 주는 선배의 역할이었다. 부디 흔들리고 넘어지는 후배 간호사를 일으켜 세워 주는 간호사가 많아져서 태움이 아닌 세움 문화가 뿌리내리길 빈다. 더 이상 간호사 태움이 반복되어선 안 된다. 과거를 잊은 사람들에게 미래란 없다는 것을 깊이 새길 때다.

9

나는 간호사다

서8 병동 원더널스

대학 병원에 근무하면서 연말에 신규간호사라면 피해 갈 수 없는 게 있었다. 바로 병동 송년회에서 장기자랑을 하는 것이다. 병동 단위로 하는 송년회는 보통 의사와 간호사, 교수, 약사까지 모두 참석했다. 요즘엔 성희롱이다, 뭐다 해서 송년회 모임에서 간호사들의 장기자랑이 폐지된 곳이 많다. 후배 간호사들을 생각하면 참 다행이 아닐 수 없다. 운명의 장난처럼 난 마지막 장기자랑을 경험했던 세대이다.

내가 신규였던 그 해 연말, 어린이 병원에서 소아암 완치 환아와 가족들을 위한 환우의 밤 행사가 열렸다. 송년회는 아니지만 환우의 밤에서 우리 병동 간호사들이 특별무대를 준비하기로 한 것이다. 나를 비롯한 신규 3명과 다른 병동에서 온 위 연차 선배 2명까지 총 5명이 차출됐다.

처음엔 몸과 마음의 부담이 이만저만이 아니었다. 순진했던 난 성인이 되어서도 남들 앞에서 장기자랑을 하게 될 줄은 상상도 못 했다.

우리는 당시 가장 핫한 인기 가요였던 원더걸스의 〈노바디〉로 축하공연을 준비했다. 간호사 기숙사에 살던 선배들과 근무 스케줄이 맞는 날 1층 만남의 광장에 모여서 안무를 맞추고 연습했다. 동기들과도 틈틈이 서로의 안무를 봐주며 학창 시절로 돌아간 기분이 들었다. 데이 근무가 끝나고도 하고, 쉬는 날도 연습하면서 엉성한 몸놀림을 맞춰 나갔다. 처음엔 일도 힘들어 죽겠는데 이게 뭘 하는 건가 싶은 생각이 들어서 짜증도 났는데 이상하게도 점점 재미있었다. 안무가 제법 익숙해질 무렵 무대에서 입을 의상도 동대문 상가에서 우리가 직접 공수해 왔다. 미키마우스가 그려진 검정 반소매 티에 금색, 은색 빛 반짝거리는 수술이 달린 미니스커트였다. 나도 모르게 무대에 오르는 순간을 기대하고 있었다.

어설픈 원더널스들이 드디어 무대에 섰다. 무대 앞 관중들은 환자복을 입은 우리 병동 아이들과 엄마들, 항암 종료 판정을 받아서 한동안 못 봤던 반가운 아이들이다. 매일 스머프복을 입고 간호하던 우리의 모습만 본 그들이 칼군무를 하며 춤추는 우리를 보며 좋아했다. "아이 워너 노바디 노바디 벗츄!" 모두 한 목소리 한 마음으로 우리를 보며 환호했고, 우리는 다 같이 웃었다. 그 후로 더 이상 환우의 밤 행사는 없었다. 항간에 이슈인 간호사 장기자랑이라고 하면 억하심정이 들다가도 내가 경험했던 그 무대를 생각하면 괜스레 웃음이 푹 난다.

내 아이의 간호사

소아암 병동에서 순탄한 간호사 생활을 하려면 중요한 것이 있다면 엄마들과의 라포(Rapport)를 빼놓을 수 없다. 아이들 곁에는 늘 엄마들이 함께하기 때문이다. 엄마들은 아이들의 항암치료에서 가장 중요한 동반자이다. 엄마들의 힘은 실로 위대하다. 병동 전체를 하나의 생존 공동체로 만들어 버린다. 새로 진단받아서 온 아이가 있으면 혼란스러워하는 아이 엄마에게 먼저 다가가서 알려 주고 이끌어준다. 엄마들은 소아암 병동의 든든한 울타리와 같다. 그런 엄마들에게 받아들여지는 것은 소아암 병동 간호사로 일단 합격이라는 것과 같다. 간호사의 기술적인 면보다는 심리적인 면에서 말이다.

병동에 있을 때 일에 치여 힘들어도 마음의 도피처가 있었다. 바로 아이들이었다. 특히 또렷하지 않은 발음으로 알 수 없는 말을 하는 서너 살 아기들은 너무나 사랑스러웠다. 일과가 끝나면 아이들에게 뽀로로 달려가서 한 번 더 보고, 간호하면서도 툭하면 안아 주고 만져 주고 했다. 진심은 통한다고 그런 내 모습이 엄마들 눈에 예뻐 보였던 것 같다. 엄마들은 툭하면 내게 "진주쌤~ 아기 좋아하면 시집가야 할 때라고 하던데~" 하고는 했다. 그때 내 나이 겨우 20대 초중반이었는데 말이다.

퇴원할 때 친절간호사 이름을 적는 소리 함이 있었는데, 감사히도 종종 친절간호사에 내 이름이 오르내렸다. 약간의 사투리까지 쓰는 순박한 간호사가 엄마들 눈에는 격의 없이 편하고 친근해 보였나 보다. 엄마들의 호의와 호위 덕분에 난 사고뭉치 신규간호사 시절에도 아이들과 보호자들 앞에 서면 천생 간호사일 수 있었다.

2015년 미스아메리카 선발대회에 나간 간호사 캘리 존슨은 춤이나 노래를 선보이는 대신 청진기를 목에 두르고 나와 연설했다. 그녀는 누구에게나 자신이 왜 간호사가 됐는지 떠오르게 해 주는 환자가 있다고 말했다. 그녀에게 알츠하이머병을 앓던 조가 그런 사람이다. 그녀는 의사가 아닌 간호사였기 때문에 조를 위해 할 수 있는 것이라곤 하나였다. 바로 악몽에 힘들어하는 조의 손을 잡아 주고 개인사를 나누며 마음을 보여 주는 것뿐이었다. 하지만 조를 알츠하이머 환자가 아닌 한 사람의 인간으로 대해 준 그녀는 조에게 '그냥 간호사'가 아니었다. '나의 간호사' 였다.

환자뿐만 아니라 엄마들에게도 똑같다. 엄마들과 아이의 생일 에피소드, 형제 관계 이야기를 나누고, 다가올 크리스마스에 아이와 뭘 할지 소소한 수다를 떨면서 더 가까워지는 것이다. 인간 대 인간으로 일상적인 삶에 관심을 가질 때 '그냥 간호사'가 아닌 '내 아이의 간호사'가 된다. 나는 엄마들에게 내 아이의 간호사로 남고 싶었다.

10

올드 간호사의 고민이 깊어지는 때

5년 차가 되던 해

신규간호사 때 입버릇처럼 자주 하는 말이 있다. '지긋지긋한 병원 딱 1년만 참고 사직서 쓴다.'이다. 모든 사회생활이 그렇듯이 첫 1년 동안 적응하기가 제일 힘들기에 절로 나오는 말이다. 1년은 임상 경력이 있어야 병원을 옮기든 다른 일을 하든 명함이라도 내밀 수 있을 것 같아서 적어도 1년을 데드라인으로 잡는 것이다. 그러나 세상일이란 게 마음처럼 그리 쉽나. 미운 정 고운 정 다 든다고 1년이 2년이 되고, 2년이 3년이 되고 시간은 흐르게 되어 있다. 그러다 보면 또 고비가 오기도 한다.

선배들 말을 들어보면 그 고비는 보통 1년, 3년, 5년… 홀수년 단위로 온다고 했다. 생각해 보면 나도 그랬던 것 같다. 1년 차일 땐, 힘들어도 못 버티면 패배자가 될 것 같은 기분이 들어 악바리처럼 버텼다. 3년 차가 되니, 어느 정도 병동 일이 손에 익었고 경험치도 제법 쌓였다. 후배 간호사들도 하나씩 들어오면서 나도 병동에서 나름 허리가 되는 시점이었다. 그러다 보니 5년 차를 향해 가고 있었다.

난 아무런 목표도 기대도 없이 어제와 똑같은 오늘을 살고 있었다. 신규일 때 나이트 근무를 하며 간호사 스테이션에 엎드려 자는 선배들을 보면서 저 선배처럼은 되지 말아야지 생각했는데, 어느새 나도 세월을 못 이기는 경력간호사의 모습을 하고 있었다. 나라고 별수 있겠냐만 선배들의 모습은 나의 미래이기도 했다. 대학원 가서 학위를 따며 공부를 더 하거나 전문간호사가 되는 전문성 있는 간호사들도 있다. 하지만 승진하지 않는 한 보통의 간호사들은 연차가 쌓여도 임상 간호의 큰 틀을 벗어나지 못했다. 1년 차나 5년 차나 하는 일이나 처우는 별반 다르지 않다. 무엇보다 크나큰 현실의 벽을 느끼게 했던 건 햇병아리 같았던 인턴 때부터 봤던 의사가 시간이 흘러 다시 병동의 펠로우(Fellow, 전임의)로 왔을 때였다. 내 시간만 멈춰 있었던 것 같은 기분이 들었다. 5년을 기점으로 나에게도 내 안에 작은 불씨가 붙기 시작했다.

좋아하는 일과 하고 싶은 일

나는 간호사로 일하면서 환자와 만나고 간호를 하는 것이 재미있었다.

적성에 맞았다. 대학 병원에서 일하는 간호사들을 보면 '힘들어서 어떻게 버티냐, 그냥 참고 일하는 거겠지!' 생각하는 사람들이 많다. 물론 울며 겨자 먹기로 억지로 일하는 사람도 있을 수 있다. 하지만 모든가 그런 건 아니다. 내가 길지도 않지만 짧지도 않은 5년을 임상에서 일할 수 있었던 것은 환자와 가족들을 만나고 마음을 나누는 것이 좋아서였다. 거창하게 간호한다는 생각보다는 병원에서 나를 기다리는 사람들과 만나고 그들이 다시 건강해질 수 있게 돕고 있다는 것이 좋았다. 특별한 보람을 느낄 수 있는 게 간호사란 직업의 매력 포인트다.

하지만 좋아하는 일과 하고 싶은 일은 다르다는 걸 깨달았다. 좋아하는 일이면 하고 싶은 일인 줄 알았다. 좋아하지만 포기해야 할 것들이 생기니 말이 달라졌다. 이브닝 근무가 끝나가던 어느 날이었다. 4년 차 위 선배가 나이트 근무를 위해 병동으로 들어서면서 말했다. "아유, 아이가 안 떨어지려고 해서 겨우 재우고 나왔네. 나이트 근무 때마다 떼놓고 나오기 너무 힘들다 정말" 하필 밖에 비까지 와서 우산을 접으며 하는 그 말이 너무 서글프고 마음을 침울하게 했다. 그 당시 내가 20대 중후반이었기에 결혼한 선배의 그 말을 쉽게 흘려듣지 않았던 것 같기도 하다. 평소 언제든 그만두고 싶은 마음이 있나 싶을 정도로 불만도 많고 잘 투덜대는 선배였기에 또 불평하는구나 싶기도 했다. '저렇게까지 이 상황이 싫은데 병원은 왜 계속 다닐까? 나는 결혼한 뒤에 가족을 집에 두고 나이트 근무를 하면서 살고 싶지 않다.'라는 생각이 불쑥 올라왔다.

그 무렵 결혼에 대해 구체적으로 생각하던 시기여서인지 그날의 장면이 유독 더 송곳처럼 내 마음에 와 박혔다. 이날은 내게 분수령이 된 날이다. 3교대와 결혼 육아 사이의 현실적인 고민이 묵직하게 마음을 짓눌렀다. 포기해야 할 것들이 크게 보이니 그 순간부터 일이 좋아도 계속하고 싶지 않아졌다.

단지 과정일 뿐이야

병원에 입사한 이후엔 무언가에 간절하게 파고들고 열정에 불타 본 적이 없었다. 간호사 일은 나름 재미있었지만 주어진 하루하루를 살 뿐이었다. 그저 그렇게 임상간호사로 병원에 뼈를 묻을 수도 있겠다 싶었다. 그러던 차에 '내가 하고 싶은 것이 뭘까? 내가 원하는 삶이 뭘까?'에 대한 고민하다 보니 떠오른 것이 보건교사였다. 겉으로 봐도 안으로 봐도 충분히 관심을 끄는 선택지였다. 신규 시절 병원을 벗어나고 싶어서 꺼냈던 보건교사 임용 고시 카드를 이렇게 다시 꺼내게 될 줄은 몰랐다. 신기한 사실은 현실에 대한 회의감이 들 때마다 잘 들어 둔 보험처럼 보건교사 카드가 나를 구했다는 것이다. 그래도 1년 차 쌩 신규일 때와는 마음가짐이 완전 달랐다. 이번엔 탈출 욕구보다는 도전 욕구에 더 가까웠다.

그러고 보니 내가 소아청소년과에 배정이 된 것도 어쩌면 운명이 아니었을까 싶었다. 한 번도 쳐다본 적도 없는 소아청소년과에서 아이들과 만난 것도 감사해졌다. 솔직한 말로 간호사가 되기 전에 난 아이들을 좋아하지도 않았고 소아 간호 쪽은 관심이 전혀 없었다. 소아청소년과에서 일하면서 비로소 내가 아이들과 궁합이 잘 맞는다는 것을 알게 됐다. 세상에 의미 없는 경험은 없다고들 한다. 새로운 목표가 생기니 그간 내가 겪은 모든 일이 꿈으로 가는 과정이었던 것처럼 느껴졌다. 5년간의 소아암 병동에서의 간호사 생활은 나를 발견하는 시간이자 꿈을 찾는 시간이었다.

11

마지막이 아름다운 이유

간호사를 보는 두 시선

요즘 간호사라고 하면 사회적으로나 직업적으로나 보통 이상은 되는 것 같다. 워낙 취업하기가 어려운 시대라서 간호사를 선호하는 경향이 갈수록 커지고 있다. 많이들 원하니 당연히 간호학과에 가는 것도 어영부영하면 쉽지 않다. 그런데도 간호사를 3D 업종, 의사의 보조로 보는 낡은 인식은 나아지고 있지 않은 것 같아서 쓸쓸하다. 마치 문화 지체처럼 사람들의 편견은 급격히 바뀌는 시대적 흐름을 따라가지 못한다.

병원에서 일하던 시절 무슨 일을 하냐고 묻는 사람들에게 간호사라고 하면 늘 두 시선이 함께 공존했다. 대학 병원에 다니는 것에 대한 선망의 눈빛과 3교대 하면서 일하기 얼마나 힘드니 하는 안쓰러운 눈빛이다. 간호사라는 직업에는 이중성이 있는 것 같다. 나에게는 조금 다른 이중적인 고민이 있었다. 어린 나이에 적지 않은 연봉을 받고, 이름만 대도 아는 큰 병원에 다니는 것은 분명 자랑거리였다. 그러나 일개 간호사인 난 큰 병원조직 속에서 거대한 기계의 부속품 같았다. 언제든 다른 부품으로 교체될 수 있고 그 자리에 있어도 티 나지 않는 사소한 존재가 된 것 같았다. 3교대보다 더 힘든 건 무력감이었다. 삶은 멀리서 보면 희극이지만 가까이서 보면 비극이라고 했다. 그 누구도 눈에 보이는 것만으로 타인의 삶을 쉽게 판단할 수 없는 이유다. 연차가 쌓일수록 알 수 없는 무기력이 스멀스멀 올라왔고, 나도 새로운 인생 2막을 준비하기 시작했다.

보건교사가 되기로 마음을 먹은 후부터는 거침이 없었다. 몇 년 만에 생긴 목표는 나를 살아 움직이게 했다. 오랜만에 느끼는 삶의 활력이었다. 오프 때 틈틈이 한국사 공부를 해서 한국사 능력 시험 2급을 미리 따 두었다. 공무원 시험의 필수요건이었기 때문이다. 한 번은 근무가 끝나고 탈의실에서 옷을 갈아입다가 한국사 시험문제집을 본 후배가 "선생님, 한국사 준비하세요?"하고 물어서 깜짝 놀랐던 적이 있다. 혼자서 몰래 숨겨 두고 하다가 들킨 것처럼 민망해서 "어? 어……." 어물쩍 대답을 넘기고 말았다. 보건교사 준비한다고 말하기엔 괜히 부담되고 마음이 불편했다. 그렇게 아무도 모르게 조용히 한 걸음씩 준비해 나갔다.

그러다가 2013년 3월 휴직을 신청했다. 핑계로라도 당시 내가 병원에서 쓸 수 있는 감사한 복지였다. 새로운 도전을 앞두고 만에 하나라도 불상사를 대비하기 위해 복귀를 마지막 보루로 남겨 두었다. 설령 결과가 안 좋더라도 돌아갈 곳이 있다는 것은 큰 위안이 될 것 같기도 했다.

이별을 앞두고

오지 않을 것만 같았던 날도 오긴 온다. 5년 동안 울고 웃고 했던 소아암 병동에서의 마지막을 앞두고 있었다. 지겹게 보던 3교대 근무 스케줄에서 날짜를 하루하루 지우면서 마지막 근무를 기다리는 마음은 이상했다. 그냥 날아갈 듯 엄청 기분이 좋을 것만 같았는데 시원섭섭한 마음이 더 컸다. 자동으로 몸이 움직이던 일상적인 간호업무들도 특별하게 느껴졌다. 의료기구를 만지는 내 손에도, 아이들의 몸을 살피는 내 눈에도 아쉬움이 서려 있었다.

14호실에는 이식편대숙주반응과 싸우던 10살 민준이가 있었다. 백혈병으로 몇 년째 치료를 받던 민준이는 조혈모세포이식을 받은 후 부작용으로 힘든 시간을 보내고 있었다. 아이의 상태는 갈수록 악화하고 있었다. 처음 진단받았던 순간부터 쭉 보았던 아이라서 더 마음이 갔다. 특히 민준이 엄마는 특유의 애교 섞인 상냥함으로 반갑게 맞아 주곤 해서 일의 고단함을 잊게 해 주곤 했었다. 유독 정이 가던 모자가 있던 14호실에 들어서서 활력징후를 측정하려고 하는데 민준이가 갑자기 "선생님! 잠깐만 서 보세요!" 했다.

그러더니 폴라로이드 사진기를 폴대에서 꺼내 재빨리 셔터를 눌렀다. 지이잉 소리를 내며 인화된 사진을 이식 부작용 탓에 까맣게 탄 작은 손으로 뽑아 들고는 의기양양하게 건넸다. 민준이는 마침 그즈음 폴라로이드 사진을 찍는 것에 재미가 들어 있었다. 내가 며칠 후면 병원에 오지 않는다는 걸 몰랐을 민준이가 내게 준 마지막 선물이었다. 사진 속에는 스머프 복장(특수 부서에서 입는 유니폼, 일명 수술복)을 하고 어색하게 웃으며 서 있는 내 모습이 있다. 그날 민준이와의 찰나가 내가 소아암 병동에 함께 있었다는 걸 기억하게 해 줘서 애틋하다.

병동에서 간호사들이 로테이션이 되거나 사직하면 페어웰(Farewell, 송별회)을 해 주는 관례가 있었다. 간호사로 일하는 동안 많은 동료 간호사의 페어웰을 지켜보았다. 떠나보내기 아쉬웠던 동기나 선배들의 페어웰도 있었고, 여간 톡식(Toxic)한 게 아녀서 속이 후련했던 경력간호사의 페어웰도 있었다. 이유야 어떻든 간에 헤어짐은 아쉬움을 남긴다. 이럴 줄 알았으면 좀 더 잘 지내둘 걸 하는 마음이 커진다. 막상 내 페어웰을 한다고 하니 기분이 싱숭생숭했다.

간호사 탈의실에 나에게 보내는 손 편지를 넣는 작은 박스가 놓였다. 동료들이 나에게 보내는 마지막 인사였다. '담담부터 여기 없다는 게 와 닿지 않았는데 이 편지를 쓰니 실감이 나요. 선생님과 웃으며 약 싸고, 밥 먹고 했던 시간이 그리울 것 같아요.' 진심을 담은 후배의 편지글에 울컥했다. 우리가 함께 나눈 건 소소하지만 특별한 일상이었다. 선후배들이 한뜻으로 앞날을 축복해 주는 것이 느껴졌다. 함께 일하며 좋았던 순간도 있었지만 미워했던 순간도 있었다. 다 부질없구나 싶었다. 헤어지고 나면 같은 공간, 같은 순간에 다시 보기 힘든 인연들이란 걸 너무 늦게 깨달았다. 그래서인지 병원을 그만두고 제일 많이 했던 후회가 있다면, '근무 끝나고 동료들이랑 대학로에서 밥 한 끼라도 더 먹을 걸 그랬어.'이다.

『미움받을 용기 2』에 보면 모든 인간관계는 이별을 전제로 한다는 이야기가 나온다. 그렇기에 우리가 할 수 있는 일은 오직 '지금, 여기'를 진지하게 살면서 매 순간의 관계를 위해 끊임없이 노력하는 것뿐이라고 한다. 내가 만약 헤어지기 위해 만나는 인생의 섭리를 조금이라도 일찍 알았더라면 미련이나 후회가 남지 않는 최선의 관계를 맺을 수 있었을지도 모르겠다.

간호사로 일했던 시절이 10년도 훌쩍 더 지났다. 지금도 눈을 감으면 동분서주하며 뛰어다녔던 병동의 풍경과 함께 일했던 동료 간호사들, 간호했던 소아암 아이들과 엄마들의 얼굴이 어슴푸레하게 떠오른다. 치열하고 쉽지 않았던 시간이었지만, 돌이켜보니 아쉬움과 그리움만 남았다. 빛바래지는 기억 속에서도 그 시절이 아름답게 느껴지는 이유는 좋은 사람들과 함께였기 때문이 아닐까.

3장

절실한 임용 고시생이 되다

1

노량진의 초짜 임고생

노량진의 추억

3월의 노량진은 추위가 무색할 만큼 열기가 뜨거웠다. 뉴스에서나 보던 현장에 내가 가게 될 줄은 꿈에도 몰랐다. 언제 끝날지 모르는 시험과 용맹하게 맞서는 젊은이들이 정말로 많다는 걸 그제야 느낄 수 있었다. 성냥갑 같은 건물들 속에는 중등교사 임용 선발고사(일명 임용 고시)뿐만 아니라 경찰, 소방, 행정직 등 다양한 직종의 공무원을 꿈꾸는 사람들이 앞만 보고 내달리고 있었다. 임용 고시학원도 다양한 과목을 준비하는 임고생들로 인산인해였다. 내가 임용을 준비하던 해는 임용 고시가 객관식 시험에서 논술식 시험으로 바뀌는 첫해였다. 그래서인지 임용 고시에 뛰어드는 사람이 조금 더 많았다. 아무래도 새로운 형태의 시험이기에 너나 할 것 없이 다 제로선 상에서 시작해야 한다는 생각에 부담이 컸던 때였다.

보건교사 임용 고시는 교육학과 전공보건 두 과목을 본다. 그래서 강의를 둘 다 들어야만 했다. 2월까지는 병원 일을 해야 했기에 인터넷 강의(인강)를 들으면서 임용 고시를 준비했다. 휴직하고 교육학 직접 강의(직강)으로 들으려고 처음으로 학원에 갔던 날의 악몽이 떠오른다. 끝이 보이지 않는 어마어마하게 큰 강의실에 중간중간 큰 TV 모니터가 있었고 콩알만 한 강사가 강단 앞에 서서 마이크를 들고 강의하고 있었다. 개미 떼처럼 빡빡하게 붙어 앉은 학생들을 보니 숨이 턱 막혔다. 일찍 와서 자리를 맡고 싶은 생각은 추호도 없었고, 중간에 껴서 모니터를 보느니 차라리 집에서 편하게 인터넷 강의를 듣는 게 나을 것 같다는 게 내가 내린 결론이었다. 그래서 교육학은 처음부터 끝까지 쭉 인터넷 강의로 강의를 들었다. 중간중간에 논술 첨삭만 두어 번 받은 게 교육학 강사와의 접촉은 전부다.

내가 들은 전공보건 강사는 일주일에 두 번 강의했다. 전공보건 이론 강의가 하루, 기출 문제 풀이 강의가 하루였다. 어쩔 수 없이 노량진을 주 2회씩 왔다 갔다 해야 했다. 시험을 준비하기 전에 노량진은 임용 시험에 뛰어들기 전 특강을 들으러 딱 한 번 와 봤던 게 전부였다. 3월부터는 본격적으로 내 집 다니듯 노량진을 드나들기 시작했다. 학교를 졸업한 지 꽤 지난 만학도인 나는 일을 하면서 굳어진 두뇌를 살살 달래가면서 공부를 시작했다. 오랜만에 펴는 전공서는 낯설기만 했다. 나보다 어린 친구들을 볼 때면 내가 너무 늦었나 싶기도 했다. 그 순간에도 내가 할 수 있는 거라곤 부지런하게 움직이는 것뿐이었다.

내가 살고 있던 홍대에서 노량진에 가려면 2호선을 타야 하는데 늘 지옥철이었다. 그래서 전공 수업이 있는 날이면 만원 지하철을 피해 조금 일찍 집에서 출발했다. 학원에 도착하면 학원 문도 열리기 전인 날이 많았다. 강의실의 맨 앞줄 젤 왼쪽에서 두 번째 자리는 늘 내 자리였다. 나만의 의식처럼 일찍 도착해서 그날 배울 내용을 미리 예습도 하고 못다한 공부를 하며 전투를 준비했다. 보통 아침 9시에 시작된 수업은 저녁 6시가 되어야 끝이 날 때가 많았다. 점심은 처음엔 휴게소처럼 여러 밥집이 모여 있는 식당가에서 먹다가 나중엔 컵밥으로 대충 때울 때도 많았다. 그 당시엔 노량진 학원 앞 길거리에 여러 가지 컵밥을 파는 포장마차가 즐비했다. 간단하게 허기를 때우기엔 딱이었다. 일과가 끝나고 집으로 돌아가는 길이 어두워지면 왠지 모르게 서글픈 마음이 들기도 했다. 그러다가도 노량진에 갈 수 있는 상황이 어디냐며 내 처지가 감사해지곤 했다.

시험공부보다 두려운 건 불안 덩이

보건교사를 준비한다고 했을 때 들뜬 내 마음과 달리 주위의 반응은 다소 회의적이었다. 잘 다니던 멀쩡한 직장 두고 굳이 왜 사서 고생을 하냐는 것이다. 또 임용 고시라는 게 몇 년을 공부해도 안 될 수도 있는 시험이라던데, 한번 발 들이면 못 뺀다더라 하는 초치는 말도 서슴지 않았다. 어떤 의미의 말인지 충분히 이해됐다. 나도 두렵지 않은 것은 아니었다. 하지만 그때의 나는 현실에 변화를 주고 싶은 욕구가 훨씬 더 컸다. 나중엔 걱정 섞인 말을 하는 경우엔 "한 명이 되더라도 내가 되면 되지!" 하고 웃어넘겼다. 기가 막히지만 떨어진다는 생각은 전혀 하지 않았다.

너무 자신만만하게 임고의 세계에 덤벼들었다고 해도 과언이 아니다. 역시 모든 일은 직접 겪어보지 않고는 모르는 것이다. 임용 고시를 준비하는 동안 제일 힘들었던 것은 시험공부 자체보다는 막연한 불안이었다. 이해되지 않는 이론은 반복 끝엔 어느 순간 깨우치고 외우는 경지가 되기도 했다. 시험 날짜가 다가오는 것은 오히려 끝이 보인다는 느낌이 들어서 날짜를 지워가며 D-day를 기다릴 수 있었다. 그러나 '혹시 아는 문제인데 기억이 안 나면 어쩌지, 제 시간 안에 문제를 다 못 풀면 어쩌지, 다른 사람들은 전공을 몇 번이나 돌려 봤으려나, 내가 하는 이 방법이 맞는 걸까, 왜 매번 틀리는 것만 똑같이 자꾸 실수하는 거지……' 하는 자신에 대한 의심이 나를 더 힘들게 했다. 시간 가는 줄 모를 정도로 공부를 잘하다가도 불안한 마음이 한번 들기 시작하면 눈덩이처럼 커져 온 마음을 짓눌렀다. 경쟁시험을 준비할 때는 불안을 이겨 내는 것이 관건

인 것 같다.

불안한 마음에서 벗어나려면 내가 할 수 있는 거라곤 계획한 대로 하루하루 주어진 분량을 묵묵히 완수하는 것뿐이었다. 시험이 끝나면 한순간에 사라질 물거품 같은 불안에 휩싸여 있는 시간을 손에 잡히는 작은 목표로 채웠다. 임용 공부를 먼저 시작해서 이미 나보다 훨씬 저 앞에 가 있는 사람들을 보며 지분거리는 시간을 나만의 루틴으로 덮었다. 결과는 하늘의 뜻에 맡기고 하루하루 최선을 다하자는 느긋한 마음으로 공부하는 과정에 집중했다. 내가 어쩔 수 없는 것에 연연하기보다는 내가 어쩔 수 있는 것을 공략해야 수험생활에서 빨리 벗어날 수 있다.

2

임고생의 지피지기 공부 전략

굿바이, 내 머릿속의 지우개

사람들이 흔히 말하는 임용 고시의 정확한 명칭은 '중등학교 교사 임용후보자 선정 경쟁시험'이다. 고시라는 말은 사전적 정의로 보면 공무원선발을 위한 시험에 사용한다. 사법고시, 행정고시, 외무고시 등이 있다. 교사를 뽑는 시험은 엄밀히 말하면 고시가 아니다. 그런데도 임용 고시라고 불린다. 물론 교사가 교육공무원이기 때문이기도 하겠지만 '고시'라는 말이 주는 시험 준비과정의 중압감 때문이 아닐까 생각한다. 또 합격자 명단에서 이름을 확인하는 순간까지 발을 한번 들이면 빼기 힘든 시험인 것도 하나의 이유일 것이다.

나는 임용 고시생이 되기로 결심한 후 어떻게 하면 마음의 부담감을 자신감으로 바꿀 수 있을지 오랫동안 고민했다. 앞서 합격한 사람들의 합격 수기도 많이 읽어 보고, 노량진 일타강사들의 합격설명회도 참석하면서 공부 방향을 찾으려고 애썼다. 주관식으로 시험이 바뀌는 첫해다 보니 갈피를 잡기가 더 힘들었다. 전공은 그렇다 치고 교육학도 논술로 준비해야 했기에 학원에서는 글쓰기 요령을 가르치고 원고지에다가 답을 쓰는 모의고사를 보기도 했다. 사실 길은 하나뿐이었다. 주관식으로 답을 써야 하니까 전공보건이든 교육학이든 달달 외우는 수밖에 없다. 하나라도 더 많이 외우고 정확하게 꺼내 쓰는 게 상책이다.

임용 고시의 과목은 딱 두 가지다. 바로 간호학이기도 한 전공보건과 교육학이다. 크게 보면 간단한 두 과목이지만 전공보건은 학교 보건, 지역사회간호학, 성인간호학, 아동간호학, 모성간호학 등 간호사 국가고시 대부분의 과목이 포함되고 교육학은 교육 철학, 교육 공학, 교육 심리학 등이 포함된다. 실제로 공부해야 할 과목은 수십 가지이다. 전공보건을 공부하다 보면 교육학이 가물가물, 교육학을 공부하다 보면 전공보건이 어렴풋해지는 악순환이 반복됐다. 지치지 않기 위해서는 전략적인 공부가 필요했다.

먼저 내 머릿속의 지우개를 없애기 위해 내가 한 것은 프레임웍으로 설계도를 만든 것이다. 프레임웍은 간호 학생일 때도 내가 즐겨 사용하던 공부법이기도 했다. 제아무리 잘 이해하고 잘 외워 봤자 이게 어디서 나온 건지 모르면 말짱 꽝이다. 목차는 숲을 볼 수 있게 해 준다. 임용 고시를 준비하는 사람이라면 가장 많이 듣는 합격전략이 있다면 아마 '단권화'가 아닐까. 처음 들었을 때는 단권화가 무슨 말이지 싶었다. 단권화는 공부 내용 전체를 하나의 책으로 만드는 것이다. 단권화는 마지막까지 끼고 돌려보는 나만의 핵심 요약본이다. 나는 프레임웍으로 단권화했다. 각 과목의 목차만 프린트하고 키워드나 중요이론들을 채워 나갔다. 내가 이해한 것을 내 글씨로 쓰는 것은 처음에는 시간 낭비처럼 보였지만 나중에는 믿을 만한 무기가 되었다. 또 두꺼운 이론서를 보기만 해도 숨이 턱 막히는 것에서 조금이나마 벗어나게 했다.

또 하나 내가 손을 놓지 않았던 것은 백지 쓰기이다. 임용 공부를 하면 아무래도 제일 많이 가는 곳이 제본 집과 문구점이다. 매주 쏟아지는 자료들을 프린트하다 보면 자연스레 이면지도 차곡차곡 쌓여 간다. 나는 이면지 한쪽 귀퉁이를 펀치로 구멍을 내고 링으로 걸어 이면지 뭉치를 만들었다. 그리곤 공부할 때 늘 함께했다. 이면지에 목차의 제목만 쓰고 생각나는 것들을 깜지 쓰듯이 새카맣게 쓰는 것을 무한 반복했다. 물론 글씨체는 휘갈겨 나만 알아볼 수 있을 정도였다. 우측 손목에 건초염이 생길 정도로 쓰고 또 썼다. 백지 쓰기는 단순, 무식, 지랄 맞은 방법이지만 가장 정직한 공부법이다.

대한민국에 몰입 열풍을 일으킨 서울대학교 재료공학부 황농문 교수는 『슬로싱킹』에서 공부한 내용을 이해하고 장기기억을 인출할 때 효과적인 공부법으로 백지 쓰기를 소개한다. 30분 공부를 한 뒤 책을 덮고 공부한 내용을 종이에 적어 보거나 누군가에게 설명한다고 가정하고 가상 강의를 해 보라는 것이다. 백지 쓰기는 메타인지를 높이는데 최고의 방법이기도 하다. 나는 백지 쓰기를 한 후 못 쓴 것이나 자꾸 틀리고 실수하는 부분을 포스트잇에 옮겨 쓰고, 머리만 들면 보이는 책상 앞에 빼곡히 붙여 수시로 눈에 발랐다. 그러다 보니 어느 순간 결핵이나 고혈압, 당뇨 같은 1순위 질병은 툭 치면 줄줄 읊을 정도로 내 머릿속에 둥둥 떠다니기 시작했다. 우직하게 앉아 오랜 시간 공들여 습득한 이론은 오래 고아 낸 사골처럼 내 몸에 뼈가 되고 살이 됐다. 시행착오를 겪으며 내 머릿속의 지우개를 없애는 적절한 비법을 찾는 게 지루한 시험을 빨리 끝내는 지름길이 아닐까.

열 과목 펼쳐 안 중요한 과목 없다

임용 고시 공부를 시작하면 전공과 교육학을 동시에 병행 학습하는 게 일반적이다. 전공보건은 양이 워낙 방대한지라 상반기에는 이론을 한 바퀴 돌리면서 기출 문제 풀이반이 운영되고, 하반기에는 모의고사를 무한 반복하는 구조이다. 교육학은 보통 첫 네 달간 이론을 두 바퀴 돌리고 그

뒤로는 모의고사를 푸는 식으로 진행된다. 대부분의 임고생은 두 과목이니 두 강사의 강의를 듣게 되는 셈이다. 물론 N수생들은 전공만 두세 명의 강사를 인강 배속으로 듣는 경우도 있다.

난 첫해에는 직강을 들었기에 한 강사를 오롯이 따라갔고, 두 번째 해에는 다른 강사 한 명의 강의를 인강 배속으로 들었다. 아무래도 같은 이론이기에 같은 강사를 계속 듣는 것보다 강사를 바꾸는 것이 지적 자극이 더 될 것 같아서 그렇게 한 것이다. 교육학은 처음부터 계속 인강으로 공부했고, 전공처럼 첫해와 두 번째 해에 다른 강사의 강의를 들었다. 2, 3수 정도라면 강사를 달리해 보는 것도 동기유발 차원에서 나쁘지 않은 것 같다.

나름 계획을 세워서 전공보건과 교육학을 둘 다 손에서 놓지 않으려고 노력했다. 오전, 오후로 나눠 보기도 하고 요일별로 나눠 보기도 하고 학원 인강 업로드에 맞춰 보기도 하면서 시간 배분을 다양하게 시도했다. 이론 강의를 들을 땐 그나마 잘 지켜지다가 하반기 모의고사 시기가 되니 전공 공부에 치여 교육학은 어느새 뒷전이 되곤 했다. 인체를 다루는 전공보건에 비해 교육학은 인문학 느낌(?)이라서 특히나 내가 알고 있는지 없는지 써보지 않으면 전혀 감이 안 잡혔다. 눈으로 읽을 때는 '맞아, 맞아! 그랬었지.' 하다가도 쓸려고 하면 머릿속이 새하얘지고는 했다.

그래서 선택한 것이 교육학 밴드 스터디였다. 당시 임고생이면 다 아는 교사 되기 카페를 종종 눈팅하곤 했는데, 그곳에서 교육학 스터디원을 구한다는 게시글을 보았다. 얼른 나도 끼워 주십사 요청해서 총 4명이 스터디를 시작하게 되었다. 밴드 리더가 미리 공지한 이론서의 부분을 각자 공부한 후에 밤 11시에 밴드 채팅방에 모였다. 해당 범위에서 각자 1문제씩 내고, 4문제를 30분 동안 백지에 답안을 작성해서 밴드에 인증했다. 인증 후에는 10분간 스스로 첨삭하여 피드백한 후 다시 밴드에 재인증을 하는 방식으로 진행됐다. 매주 수요일, 토요일 주 2회씩 2달 동안 교육학을 한 바퀴를 돌리는 게 목표였다. 스터디 멤버들이 서로 다른 전공을 가진 사람들이었지만 전혀 문제가 되지 않았다. 각자 공부를 하되 백지 쓰기 인증이라는 강제성을 부여한 것이다. 내게 교육학 밴드 스터디는 적어도 교육학을 손에서 놓지 못하게 만드는 페이스메이커였다.

임용 고시는 상대평가이기 때문에 고득점을 하는 것이 합격에 유리한 시험이다. 교육학 20점, 전공보건 80점을 합해서 총점 100점 만점이다. 전공보건에 비해 교육학의 점수 비중이 작아서 자칫하면 우선순위에서 밀리기 쉽다. 전공보건이 뛰어나게 높은 점수면 당연히 합격하겠지만 만에 하나 교육학을 소홀히 해서 과락을 한다면 끔찍한 일이 벌어질 수도 있다. 절대 교육학도 만만하게 봐서는 안 되는 이유이다.

실제로 임용 고시에서 전공보건에 비해 상대적으로 교육학에서 18점 이상으로 점수를 잘 받으면 합격에 더 가까워질 가능성이 훨씬 높다. 왜냐하면 전공보건은 개미군단이 합격선에 조밀하게 밀집해 있기 때문이다. 이 말은 시험 삼아 맛만 보려고 응시했다거나 넘사벽인 숨은 고수가 아닌 이상 공부를 어느 정도 한다고 한 사람이라면 실력이 비등비등하다는 뜻이다. 임용 고시라는 치열한 레이스의 결승선에 제때 도착하기 위해서 뭐 하나 중요하지 않은 과목은 없다.

3

임용열차를 탄 사람들

척박한 임용 땅에서 핀 사람 꽃

임용 고시를 시작하는 사람들은 저마다의 사연을 품고 있다. 나처럼 병원 임상에서 일을 하다가 눈을 돌려 새로운 도전을 하는 사람이 있는가 하면 병원에 입사하자마자 내 길이 아니다 싶어 뛰쳐나와 도전하는 사람, 기간제 보건교사를 하다가 도전을 하는 사람, 대학을 졸업하자마자 시험을 준비하는 사람들도 있다. 제각기 다른 상황 속에서 보건교사를 업으로 삼고자 임용 고시에 뛰어들지만, 이들에게는 공통점이 하나 있다. 너나 할 것 없이 진심으로 보건교사가 되고 싶고 절실하다는 것이다.

임용 고시가 매력적인 이유는 간절함에 있는 것 같다. 누군가는 붙고 누군가는 떨어지는 경쟁 속에서도 간절히 원하는 하나 된 마음을 알기에 임고생들은 나이 차를 뛰어넘는 친구가 된다. '임용에 붙는 건 번호표를 뽑는 거랑 비슷하다.'라는 말이 있다. 누가 먼저 교직으로 가느냐의 시간적인 차이가 조금 있을 뿐, 포기하지 않는 한 마침내 보건교사가 되어 다시 만나게 된다.

임용 고시는 1차 필기 합격 발표를 기점으로 합격자는 본격적으로 2차 심층 면접을 준비하고, 불합격자는 학원가의 개강일에 맞춰 다시 공부를 시작하게 된다. 나는 1차 필기시험이 끝나자마자 학원 강의를 들으러 다니면서 친하게 지내던 임고생 친구들과 면접 스터디를 구성했다. 우리는 모두 초수생들(처음 시험을 보는 수험생)이었다. 그래서인지 더 잘 통하고 우리만의 리그 속에서 즐거웠던 것 같다. 1차 필기 결과발표 전까지만 해도 우리는 꽁꽁 조여 뒀던 나사가 한껏 풀려 있었다. 면접 준비랍시고 매일 카페나 스터니룸에 모여 앉아 그동안 공부하느라 못다 한 사적인 썰을 푼다고 바빴다. 2013년 겨울 크리스마스 이브날도 우리는 함께였다. 그날은 따뜻하게 눈도 내렸다. 우리는 노량진 고시생들의 상징이었던 노량진역 앞 육교가 보이는 카페에서 인증샷도 남겼다.

이 시기에 우리는 1년간 공부하며 알고 지낸 때보다 수십 배는 더 친밀해졌다고 해도 과언이 아니다. 1차 필기 결과발표 전날에는 붙든지 떨어지든지 우리가 함께하는 마지막 시간이라는 아쉬움에 밤늦도록 홍대에서 진탕 먹고 신나게 놀았던 기억이 난다. 지금은 사라진 노량진역 앞 육

교처럼 시험 준비를 하던 꽃다운 20대의 우리도 사라지고 없지만 임고생 친구들과 만나면 다시 그때로 돌아간 듯 마음이 뜨거워진다.

물론 놀기만 했던 건 아니었다. 면접 책을 보며 기본적인 예제를 유형별로 우리만의 모범답안도 만들고, 각자 응시지역의 교육정책도 정리해 뒀다. 왜냐하면 잠깐 마음의 끈이 느슨해져 있을 뿐 우리의 최종 목적지를 잘 알고 있었기 때문이다. 진짜 면접의 시작은 1차 필기 합격 발표 이후였다. 우리 스터디원 7명 중에서는 나를 포함해서 3명이 합격했다. 다 함께 가지 못하는 게 속상했지만 붙었다고 마냥 기뻐하는 것도 시기상조였다. 1차 합격자 앞에는 2차 심층 면접이라는 더 큰 산이 기다리고 있었다.

2차 심층 면접 준비를 본격적으로 시작하기 전에 1차 합격생 중에서 스터디원 1명을 더 충원했다. 비로소 4명이 한배를 타게 되었다. 일산에서 꼭두새벽에 버스를 타고 와서 늘 학원 문을 열기도 전에 도착해 문 앞에서 만나곤 했던 야무진 은, 골절의 치유단계를 묻는 내 질문에 앙증맞은 그림을 그려서 슬쩍 건네주던 귀여운 송, 엉뚱한 매력이 있는 동갑내기 경 그리고 맏언니인 나까지 해서 면접 스터디 완전체가 결성됐다. 경기도 지원자 3명, 부산 지원자 1명이라서 우리는 자칭 '경경경부'라고 불렀다.

돌이켜 보면 이 친구들을 만난 건 크나큰 행운이었다. 임고생으로 만난 우리의 인연이 서로에게 든든한 동지가 되어 끈끈하게 지속될 거라고는 그때는 미처 몰랐다. 생수 한 병을 앞에 두고 밤새는 줄 모르고 이야기꽃을 피우는 사이가 됐다. 알게 모르게 그만큼 공감대가 깊어진 것이다. 힘든 시절을 함께 하며 쌓아 올린 유대감의 깊이는 함께한 시간의 장단을 초월한다. 마치 군대 동기들 같다고나 할까. 군대 동기들은 제대하면 서로 다른 삶의 터전으로 돌아간다지만 우리는 하물며 특별한 일이 없는 한평생 같은 길을 걸어간다. 이보다 더 좋은 평생 친구가 있을 수 있을까 싶다.

북극곰을 보기 위해 임용열차는 달린다

임용 고시의 2차 시험인 심층 면접은 병원 면접과는 사뭇 달랐다. 병원 면접의 경우 6명 정도가 한 조가 되어 면접장으로 동시에 입장한다. 1열로 나란히 앉아 순서대로 각자 준비한 자기소개를 한다. 그러곤 면접관들의 질문에 맞게 자기 생각을 특색 있게 대답하면 되는 흔히 알고 있는 방식이다. 반면 임용 심층 면접은 조금 생소한 방식이다. 제비뽑기로 자신의 면접 순번을 뽑은 후, 순서대로 1명씩 입장해서 개별면접이 진행된다. 구상실과 면접실이 있는데, 먼저 구상실에서 10분간 4가지 학교 현장에서 겪을 수 있는 문제에 대한 답변을 구상한 후에, 면접실로 입장해서 10분간 의견을 조리 있게 말하는 것이다.

이때, 면접관은 일체 아무 말도 하지 않는다. 어떤 경우 눈길조차 주지 않는데 풍문에 의하면 면접관 사전교육에 그런 사항이 있다는 말도 있다. 제비를 뽑는 순서에 따라 앞 번호면 일찍 끝내고 귀가하는 사람이 있는가 하면 뒷 번호면 오후까지 대기실에서 기다려야 하는 지루한 상황이 펼쳐지기도 한다. 임용 심층 면접은 일반적인 면접과는 너무나 다르기에 하나부터 열까지 맨땅에 헤딩하는 기분으로 준비를 할 수밖에 없었다. 특히나 우리는 다 초수생들만 모였기에 더 막막했다. 그래도 다행인 건 네 사람 모두 열정 하나는 1등이었다.

우리는 면접 날 직전까지 노량진의 스터디룸을 대여했다. 1차 발표가 나면 면접 스터디팀들이 앞다퉈 스터디룸을 선점하기에 스터디룸을 잡는 것도 발 빠르게 대처해야 했다. 우리는 다행히 한 곳을 잡았는데 신기하게도 스터디룸 이름이 '합격'이었다. 우리를 정말 합격의 길로 인도해 줄 것만 같이 느껴졌다.

우리는 매일 아침 일찍부터 스터디룸에 모여서 스파르타식 면접 준비에 돌입했다. 면접 예제를 뽑아서 문제를 내고 실전과 똑같이 구상하고 말하는 연습을 했다. 면접실 문을 열고 들어오는 순간부터 나가는 순간까지 스톱워치로 측정을 하는 건 기본이고, 걸음걸이며 의자에 앉는 자세, 눈동자의 움직임, 자주 반복하는 말투 등 서로의 버릇까지 선의의 지적을 주저하지 않았다. 면접을 코앞에 두고는 실제 면접장에 입고 갈 옷을 차려입고 모의 면접을 하며 서로의 옷매무새를 챙겨줬다. 다른 스터디팀과 함께 연합하여 서로의 면접 모습을 보여 주고 코칭을 해 주며 부족함을 메웠다. 또 초등학교에서 근무하는 지인에게 부탁해 실제 교실을 빌려서 면접장에 대한 공포를 극복했다. 잡을 수 있는 지푸라기는 다 잡아 본 것 같다.

면접을 준비하는 동안 한 달이 채 못 되는 짧은 시간이었지만 임용 고시를 준비하는 전 기간을 통틀어 체력적으로 제일 힘들었다. 오전에는 스터디룸 면접 연습, 오후에는 개인 면접 준비를 반복하며 지쳐갔다. 그래도 면접 준비하던 때가 가장 기억에 남는 이유는 같이 동고동락한 '경경경부' 친구들 덕분이다. 여러 추억 중에서도 친구들과 면접 스터디룸에서 먹던 컵밥 거리의 팬케이크가 먼저 떠오른다. 우리는 참새가 방앗간을 들리듯 하루가 멀다고 홀린 듯이 팬케이크를 사 먹었다. 간식을 먹으며 수다를 떨다 보면 잠시나마 불안도 스트레스도 수그러들었다. 그렇게 나 혼자라면 못 갈 것만 같던 길도 친구들과 함께 울고 웃으며 더 멀리 갈 수 있었다. 서로 밀어 주고 당겨 주면서 무거운 한 걸음 한 걸음을 옮길 수 있었다.

영화 〈설국열차〉에서 꼬리 칸에 탄 커티스는 기차 밖에선 살 수 없다는 지배 세력에 투쟁하며 머리 칸을 향해 기차의 문을 하나씩 열어 간다. 커티스의 바람처럼 열차 밖에는 북극곰이 있었고 생명체가 살 수 있었다. 설국열차를 탄 커티스처럼 우리는 하루하루 임용열차의 문턱을 넘어 나갔다. 내가 진짜 붙을 수 있을까 하는 의심이 마음을 괴롭게 했지만, 임용열차의 엔딩에서 꼭 다 함께 합격이라는 북극곰을 보고 싶었다.

4

하늘은 무너지지 않는다

범죄자도 실패자도 아니니까

'최종 합격자 명단에 없습니다.'

간절한 몸부림에도 불구하고 최종에서 고배를 마셨다. 합격 컷 라인에 개미군단이 모여 있다는 말을 전공 강사의 수업 시간에 수없이 들었다. 닥치지 않아서인지 몰라도 난 한 귀로 듣고 한 귀로 흘려보내고는 했다. 무슨 운명의 장난인지 내 점수가 합격 컷과 불과 1점 차이가 채 나지 않는 소수점 차이였다. 내가 개미군단이었다니. 2차 심층 면접 점수는 높은데 1차 필기시험 점수가 안정권이 아니었다. 결과발표를 확인한 후 처음엔 아쉬운 마음을 넘어서서 억울했다. 그래서 현실을 받아들이지 못하고 식음을 전폐하고 이불에서 나오지 못했다. 자신만만했던 탓에 어디 하소연도 못 하고 홀로 이불을 덮고 울었다.

임용 공부를 한다고 부모님께 말씀드렸을 때, 나이 서른을 바라보는 딸이 고시 공부를 하겠다니 무슨 소리냐며 달갑지 않아 하셨다. "좋은 병원 잘 다니다가 시집이나 가지. 언제 붙을지도 모르는 공부를 한다고 그러니." 하시며 걱정하셨다. 볼멘소리하시긴 했지만, 자식 이기는 부모 없다고 언제나처럼 내가 선택한 길을 지켜봐 주셨다. 매일 같이 노량진과 집, 도서관으로 오가며 시험 준비에 전념하는 딸의 모습을 보면서 그제야 진심으로 날 응원해 주셨다. 부모님도 나의 결정을 어렵게 받아들이셨고 나 또한 많은 걸 포기하고 시험에 올인하는 것이기에 좋은 결과로 보답해드리고 싶었다. 그래서 한눈팔지 않고 앞만 보고 내달렸던 1년이었다. 시나리오에 없던 불합격은 내게 형벌처럼 느껴졌다.

눈 깜박이는 것조차 하고 싶지 않던 불합격 통보 이틀째 날, 고향에 계신 아빠에게서 전화가 왔다. 평소 티 없이 밝던 큰딸이 다 죽어 갈 듯 축 처져 있으니 아빠가 말씀하셨다.

"인마. 왜 그래 기죽어 있어. 네가 도둑질을 했어? 실패를 했어? 딸, 아빠가 있잖아."

거나하게 취한 아빠의 목소리에 갑자기 정신이 번쩍 들었다. 머리끝부터 발끝까지 경상도 남자인 아빠가 해 줄 수 있는 최선의 위로였다. 아빠 말이 다 맞다. 그깟 시험에 떨어졌다고 해서 내 인생이 실패한 것은 아니다. 나쁜 죄를 지은 것도 아니고, 이대로 모든 게 끝인 것도 아닌데 바보

같이 왜 이러고 있는 거지 싶었다. 자나 깨나 공부하는 딸 걱정하는 부모님의 애간장 타는 마음은 안중에도 없었던 거다. 부끄럽고 초라해진 내 모습이 싫어서 그저 숨고만 싶었다. 숨죽이고 있다고 이미 결정 나버린 현실에서 도망칠 수 있는 건 아닌데 말이다.

아빠는 내게 집으로 내려와서 며칠 쉬고 가라고 하셨다. 전화를 끊자마자 옷 몇 벌만 대충 싸서 부모님 곁으로 내려갔다. 엄마 밥 먹고 푹 쉬면서 멘탈을 회복하는 시간을 일주일 정도 가졌다. 그러다 보니, '그래, 까짓것 다시 한번 해 보자.' 하며 다시 툴툴 털고 일어날 마음이 생겼다. 아빠는 불합격의 수렁에서 나를 건져 올려 주셨다.

불합격의 긴 터널을 지나 정신 차리고 나서 가만히 돌이켜보니, 나는 운이 참 좋았다. 임용 고시 첫해 노량진으로 오가며 공부에 올인할 수 있었던 상황, 첫해에 면접을 볼 기회가 주어졌던 것, 첫해에 최종 불합격이라는 실패를 경험한 것 모두가 말이다. 처음 임용 고시에 뛰어들었을 때 난 범 무서운 줄 모르는 하룻강아지였다. 주제도 모르고 죽기 살기로 달려들면 못 될 게 뭐 있어 하는 맹랑한 심보였다. 이런 마음가짐을 가져서인지 몰라도 내 속엔 늘 자만심이 가득했다. 무조건 한 해 안에 끝장을 보겠다는 비합리적인 결심이 나를 지배했다. 자만심은 임용 고시 같은 경쟁시험에는 독이란 걸 난 미처 몰랐다.

임용 고시는 내가 부족하다는 걸 알고, 구멍이 나지 않게 끊임없이 살피고 메우는 것이 중요했다. 다 안다는 것은 모른다는 것과 매한가지다. 겸허한 마음으로 하나부터 열까지 아는 것도 모르는 것도 다시 보자고 다짐했다. 살아 있는 경험은 가장 좋은 선생님이다. 특히 실패한 경험은 더 많은 교훈을 남긴다. 한번 넘어진 후에야 마침내 개미군단을 벗어나 여왕개미가 되는 길을 찾았다.

Try everything

고등학교에 들어가서야 때늦은 사춘기를 겪었다. 남들이 다 '인 서울, 인 서울' 하니까 '적어도 수도권에 있는 대학에는 가야겠다.' 생각했다. 중학교 땐 막연히 부모님께서 '교대에 가라, 교사가 되어라.' 하니 그게 맞겠다 싶은 정도였다. 그 시절 교사는 여자 직업 중 최고였고, 공부 좀 한다하는 여학생은 교대에 많이 진학하던 때였다. 하지만 내 속엔 살아 숨 쉬는 꿈도 뚜렷한 목표도 없었다. 정작 난 빈 껍데기였다. 왜 공부를 해야 하는지 몰랐기에 뜬구름 잡는 날들의 연속이었다. 암기엔 자신이 있어서 내신은 좋았는데 논리력을 요하는 수능은 나에게 유독 맞지 않았다.

결국 수능을 제대로 말아먹었다. 나름 중학교 때 공부를 제법 잘해서 지역 명문고를 다니고 있었기에 부모님은 나에 대한 실망이 크셨다. 나도 속상하긴 했지만, 생각보다 많이 좌절하진 않았다. '열심히 안 했으니까 결과는 당연한 거야.'라며 나도 모르게 합리화했다. 날개 없는 추락에 나 자신은 관대했던 것에 비해 외부의 시선이 오히려 불편하게 느껴졌다.

어쨌든 재수는 생각지도 않았기에 나는 대학에 가게 되었다. 우연히 가게 된 간호대학에서 꿈꾸던 세계의 문이 열렸다. 간호학은 배우면 배울수록 나를 신나게 하고 더 알고 싶게 만드는 마력이 있는 학문이었다. 그제야 나는 깨우쳤다. 왜 공부를 해야 하는지와 공부하는 게 재미있다는 걸 말이다. 대학을 다니는 내내 간호학 이론들이 뼛속에 스며드는 기분이 들었다. 내가 수능을 망친 건 내 인생에서 전화위복이었다.

만약 수능을 어중간히 잘 보았다면 적당히 인지도 있는 인 서울 대학의 적당한 인문학을 선택했을 것이다. 적어도 간호대학이라는 선택지는 생각해 보지도 않았을 것이다. 억한 일 앞에 당장은 하늘이 무너지는 듯한 기분이 들지 몰라도 지나고 보면 하늘의 깊은 뜻이 숨겨져 있는 경우가 종종 있다. 살다 보면 모든 일이 계획한 대로 원하는 대로 되지 않을 때가 많다. 하지만 그대로 주저앉을 필요 없다. 한번 뜻대로 안 됐다고 인생이 끝나는 건 아니다. 우회해서라도 내 길을 가면 된다.

내게 임용 고시는 의지적으로 노력해서 안 된 첫 실패였다. 수능은 의

지적으로 노력을 안 했던 실패였기에 임용 고시가 첫 실패라고 말하는 것이다. 노력해도 안 된 경험은 처절하게 절망스럽고 고통스러웠다. 그동안 잘못했던 것들만 생각나고, 후회투성이였다. 도망가고 싶었던 경험이지만 삶에 도움이 되지 않는 경험은 없다. 좌절은 고난이지만 딛고 다시 일어나고 포기하지만 않는다면 결국엔 원하는 곳으로 가게 된다.

감명 깊게 본 디즈니 영화 〈주토피아〉에는 모든 동물이 평등하게 살아가는 주토피아에서 최초의 토끼 경찰관이 된 주디의 이야기가 나온다. 주디는 꿈을 향해 달리는 과정에서 자신의 안팎에 있던 역경을 깨나간다. '우리가 두려워해야 할 것은 두려움뿐'이라며 꿈을 향해 당당히 달려 나가라고 말한다. 영화만큼이나 유명했던 〈주토피아〉의 OST인 〈Try everything〉에는 이런 가사가 있다.

I won't give up, no I won't give in

Till I reach the end

And then I'll start again

No I won't leave

I wanna try everything

I wanna try even though I could fail

Try everything, Try everything, Try everything

'모든 걸 시도해 보라.'는 밝고 희망찬 멜로디가 내 귓가에 맴돈다. 주토피아에는 밝고 열정이 넘치는 토끼 주디, 사기꾼 여우 닉, 말투와 행동이 느릿한 나무늘보 플래시, 인기 있는 섹시 가수인 가젤 등 다양한 특징을 가진 동물들이 살아간다. 주토피아에 사는 각양각색의 동물들처럼 우리도 자신만의 속도와 스토리가 있다. 조금 늦어도 괜찮고, 조금 돌아가도 괜찮다. 나는 나다. 남의 속도에 맞추려 하지 말고 그저 나의 길을 묵묵히 가면 된다. 나만의 속도로 포기하지 않고 꿈을 향해 한 걸음씩 내딛고 나가는 게 현답이다.

꿈길을 가다 보면 넘어지기도 하고 잘못된 곳으로도 가고 실수도 할 수도 있지만 끝을 의미하지 않는다. 우리의 삶이 아름다운 이유는 실패에 굴하지 않고 시도하고 도전할 수 있다는 데 있다. 넘어져도 다시 일어나서 나만의 이야기로 만들어 가면 된다. 삶의 좌절 앞에서 스스로 무너지지만 않는다면 결코 하늘은 무너지지 않는다.

5

삶에는 용기가 필요한 타이밍이 있다

사람도 때론 환기가 필요하다

1년간의 휴직이 끝나가고 3월 병원 복직이 코앞에 다가왔다. 2월이면 임용 고시 최종 발표가 나서 미리 염두에 두고 3월에 휴직했다. 아이러니하게도 휴직이긴 했지만, 다시 돌아가야 하는 상황이 생길 줄은 몰랐다. 인생은 계획한 대로만 흘러가지는 않으니까 늘 플랜B도 생각해야 하나 보다.

불합격했다는 현실을 받아들였지만 당장 다시 공부에 달려들기엔 마음이 달갑지 않았다. 집에서 요양을 좀 하고 나니 다시 시험을 준비하긴 해야겠다는 결심은 섰어도 말이다. 상경을 하자마자 노량진의 교육학과 전공보건 인강을 모두 결제하고 천천히 강의를 듣기 시작했다. 아무래도 한 해 시험공부를 해서인지 귀에 더 잘 들리고 이해도 빨리 됐다. 재수하니까 나쁜 점만 있는 건 아니구나 싶었다. 그 시점 나는 결정을 내렸다. 안일하게 있기보다는 지친 마음을 환기할 요량으로 '병원에 복직하자.' 마음먹은 것이다.

복직을 하니 5년간 일했던 어린이 병원이 아닌 본원으로 발령받았다. 본원 101병동 조혈모세포이식 병동이었다. 소아 청소년만 보다가 성인 파트에 가니 적응할 시간이 좀 필요했지만, 서당 개 삼 년이면 풍월을 읊는다고 새로운 업무환경에 금세 익숙해졌다. 소아 혈종에서 했던 간호업무와 크게 다르지 않았다. 오히려 미성년자가 아니다 보니 약물 투여나 의사소통 면에서 훨씬 수월했다.

복직하니 간호사 3교대 스케줄을 소화하며 한 번에 폭풍처럼 업로드되는 임용 학원의 강의를 따라가기만도 벅찼다. 그래서 시간이 날 때마다 강의는 적당히 1.5배속으로 빨리 들었다. 남는 시간은 기출 문제나 연습문제를 잘라서 주제별로 분류하고 단권화하는 작업만 반복했다. 오프 날이면 밀린 강의를 듣고, 출퇴근 전후로 문제를 분류했다. 병원 일과 임용 공부 사이에서 파도를 타느라 정신없는 하루하루를 보냈다. 그러다 보니 불합격의 상처에도 새살이 단단히 올라와 무뎌졌다. 언제 무슨 일이 있었냐는 듯 뒤돌아보지 않고 앞을 보고 내달리고 있었다.

추운 겨울이 물러나고 세상엔 빨갛게 노랗게 꽃이 피기 시작했다. 그 즈음 내 마음속에선 의미심장한 동요가 시작됐다. 병원에서 밤 근무를 하던 어느 날, 병실 창밖으로 어스름하게 동이 트는 것을 보았다. 문득 '내가 왜 여기에 있지?' 하는 생각이 들었다. 내가 병원을 떠나야겠구나 싶었던 게 밤 근무에 나태해지던 체력의 한계를 느끼고 나서였는데 다시 이곳에 있다니. 내가 원하는 건 이게 아닌데 눈앞에 있는 현실의 덫에 걸려 질질 끌려가고 있다는 기분이 들어서 괴로웠다.

한 번은 오프 날 프린트한 예상 문제들을 기계처럼 칼로 자르고 붙이고 있었다. 문득 '내가 뭘 하는 거지?' 싶었다. 일하는 것도 공부하는 것도 아니고 뭔가에 쫓기듯 마음만 바빴다. 그 순간 중대한 결심을 했다. 복직을 선택했기에 내가 진정으로 원하는 게 뭔지 더 뚜렷하게 알 수 있었다.

왜 사직하려고 하세요?

나는 수간호사님께 병원을 그만두겠다는 의사를 밝혔다. 며칠 지나지 않아서 내과 간호과장님과 1대1 면담하게 되었다. 사직서를 내면 끝인 줄 알았는데 과장님과 독대까지 하는 걸 알고는 조금 긴장됐다. 생각해 보면 윗선에서 간호사들의 사직 이유를 아는 건 간호 인력 관리 측면에서 꽤 중요한 문제였다. 과장님은 내게 물으셨다.

"병원에서 일한 지 5년이 넘었고 그만두기 아까운 경력인데, 왜 사직하려고 하세요?"

고민이 됐다. 사실대로 말해야 하나 대충 둘러대야 하나.

서울대병원 간호사라는 타이틀은 보잘것없던 나를 돋보이게 해 주었고, 자부심 품고 다녔던 내 첫 직장이었다. 그래서 더 고심하고 내린 사직 결정이었다. 나는 과장님께 사실대로 말씀드리기로 했다.

"어린이 병원에서 아이들을 보다 보니 보건교사라는 꿈이 생겼고 더 늦기 전에 도전해 보려고 합니다."

다른 말이 필요 없는 군더더기 없는 솔직한 대답이었다. 간호사의 태움이나 다른 부서와의 갈등, 의료사고 등으로 인한 사직이라면 분명 다른 말들이 오갔을 것이다. 하지만 간호조직 차원에서는 어찌할 방도가 없는 새로운 꿈의 의지를 불태우며 앞에 앉아 있는 경력간호사에게 무슨 말이 더 필요할까.

과장님은 짧은 덕담과 함께 "좋은 결과 있길 바랍니다." 하시며 깔끔하게 응원해 주셨다. 면담이 끝나고 문을 열고 나오는데 안도감과 함께 시원섭섭한 마음이 밀려왔다. 그토록 원하고 죽을힘 다해 애써 들어온 병원이었다. 간호하며 힘들기도 했지만, 환자, 보호자들, 동료 간호사들과 함께 울며 웃으며 좋은 날도 많았는데 내 발로 걸어 나가는 날이 왔다.

살다 보면 용기가 필요한 타이밍이 있다

학교에 발령받은 후에도 매년 연초만 되면 종종 간호사 지인들의 연락을 받곤 했다. 그들은 두 부류로 나뉘었다. 어떤 사람들은 3교대, 업무강도 등의 이유로 병원이 싫어서 탈출의 수단으로 교사가 되길 바랐다. 또 어떤 사람들은 교사의 급여가 작거나 학교 내 보건교사의 낮은 지위로 교사에 도전할까 말까 고민했다. 어떤 이유에서건 교사가 되고자 마음먹은 사람과 교사라는 직업에 의심을 품은 사람은 기본 자질부터 다르다.

교사가 되고 싶어서 하는 사람은 교사가 되어도 아이들 속에서 자유롭게 소통하고 동료들과도 원활한 인간관계를 유지해 나간다. 반면, 교사라는 직업의 그럴듯한 장점으로 선택한 사람이라면 학교의 다양한 이해관계에서 발생하는 작은 갈등에도 쉽게 실망하고 학교조직에 잘 적응하지 못한다. 결국 병원이 싫었던 것처럼 똑같은 패턴으로 학교도 싫어진다. 이런 생각이 내 안에 있어서인지 지인들이 보건교사라는 직업에 관해 물을 때 급여부터 묻거나 학교에서 보건실의 지위에 대해서 먼저 물을 때면 심통이 났다.

어느 직업이나 그렇듯 간호사는 간호사대로 보건교사는 보건교사대로 나름의 장단점이 있다. 뭐가 더 좋고 나쁘고는 중요하지 않다. 누군가에겐 치명적인 단점일지라도 다른 이에게는 별로 대수롭지 않을 수도 있는 것이다. 자신의 가치관에 따라서 최선의 선택을 할 뿐이다. 다만 모든 선택에는 기회비용이 붙는다. 하나를 얻으려면 다른 무언가는 포기해야 할 것이 생긴다는 지극히 기본적인 인생 공식이다. 모든 걸 손에 쥐고 놓지 않으려고 하면 죽도 밥도 안 된다. 누구도 대신해 줄 수 없는 것이 내 인생 앞에 놓인 선택의 문제이다. 그렇기에 내가 진정으로 원하는 것이 무엇인지를 진중하게 고민하고 포기할 것은 과감하게 포기하는 용기가 필요하다. 만약 내가 결정적인 선택의 순간, 병원 타이틀과 높은 급여에 안주했더라면 지금의 나는 없었을 것이다.

안전한 요새 밖으로 나오는 것이 두렵기도 했다. 그런데 막상 사직하고 나니 별거 아니었다. 하늘이 무너지는 것도 아니고 내가 사라지는 것도 아니었다. 오늘은 오늘의 태양이 뜬다. 상실감은 온데간데없었다. 안전은 외부에 있는 것이 아닌 나에 대한 확신에서 비롯되는 것이었다. 오히려 보건교사가 되고 싶은 간절함은 더 커졌다. 다시 돌아갈 곳이 없다는 절박함은 임용 고시 공부를 하는데 부스터가 되었다. 그러니 사직하기에 충분했다.

6

괜찮아! 잠시 쉬어가면 되잖아

장마와 함께 온 슬럼프

2014년 5월 4일 자로 사직했다. 6년을 꽉 채워 몸담았던 첫 직장이었다. 막상 그만두고 돌아보니 길지도 짧지도 않은 지난 시간이 속절없이 느껴졌다. 병원 일을 놓으면 모든 게 끝날 것만 같았다. 그래서 내 속에서 올라오는 마음의 소리는 꾹꾹 억누르고 직장이라는 끄나풀을 꽉 붙잡고 있었다. 그런데 놓아 버리니 오히려 홀가분했다. 만연하게 피어오르는 봄기운처럼 내게도 새로운 시절이 올 것 같은 기대감이 차올랐다. 기계 부속품 같았던 삶에는 오랜만에 생동감이 느껴졌다.

가벼운 마음으로 다시 임용 준비에 박차를 가하기 시작했다. 금세 오롯한 임고생 모드로 돌아왔다. 병원에 잠시 복귀했었다는 사실이 한때의 꿈처럼 아득하게 느껴졌다. 더 이상 병원 일을 하면서 공부하지 않아도 된다는 것만으로도 만족스러웠다. 사직 후엔 노량진에 가지 않기로 했다. 왔다 갔다 하는 시간도 아껴 가며 공부에 매진할 작정이었다. 이전보다 더 큰 동기가 생겼다.

새로운 일상은 아침 8시에 시작됐다. 얽매이지 않은 몸이지만 어김없이 집 근처에 있는 마포평생학습관에 출근 도장을 찍었다. 노량진으로 강의를 들으러 다닐 때처럼 열람실의 하루를 열었다. 4층 열람실 통유리로 된 창문을 등지고 있던 자리는 늘 내 자리였다. 그 자리에서 종일 공부를 하고 사람들이 하나둘 떠나기 시작하고 문을 닫을 때까지 앉아 있었다. 공부하다 졸리면 책상에 엎드려져서 잠깐씩 쪽잠도 자고 지하 식당에서 비빔밥도 사 먹으며 시간을 채웠다. 간호사로 일하던 여동생이 오프 날이면, 도시락이나 맛난 간식을 싸 와서 지친 나를 응원해 줬다. 물심양면으로 늘 내 옆에서 함께해 주는 동생이 있었기에 덜 외로웠다.

사람들이 하나씩 책 보따리를 싸서 일어나 사라져도 나는 느긋하게 구석빼기에서 자리를 지켰다. 문을 닫을 시간이 다 되어 일어나려고 할 때면 사람이 몇 명 남지 않을 때도 많았다. 그런 날이면 열람실 문을 나서며 오늘 하루도 최선을 다했다는 뿌듯함이 느껴져서 기분이 상쾌했다. 엉덩이로 공부를 한 나였다. 츄리닝을 입고 백팩을 등에 멘 채 도서관을 나오면 반짝이는 홍대의 밤거리를 지나 집으로 갔다. 한껏 꾸민 젊은 청춘들을 보며 좋을 때다 싶었지만 부럽지는 않았다. 하고 싶은 것이 있다는 것, 온전히 몰입할 수 있는 시간이라는 것만으로도 내겐 최고의 선물이었기 때문이다.

그렇게 임고생의 타임워치는 물 흐르듯 잘 흘러갔다. 묵직한 장마전선과 함께 처음으로 슬럼프가 왔다. 임용 공부를 시작한 이래 처음 느끼는 무기력함이었다. 그동안 슬럼프는 사치라고만 생각했다. 멀쩡히 잘 다니던 직장도 때려치우고 시험공부를 하는 주제기에 가당치도 않은 기분 타령이었다. 혼자 있으면 공부는 안 되고 머릿속이 복잡했다. 하루 이틀 지날수록 점점 더 불안해졌다.

자의 반 타의 반으로 상황을 벗어나려고 선택한 것이 기출 스터디였다. 줄곧 혼자 도서관이나 집에서 공부했기에 스터디는 모험과도 같았다. 교사 되기 카페를 통해 전혀 안면이 없던 스터디원들을 만나게 되었다. 나까지 4명이었고 우리는 2달간 매주 노량진 스터디룸에서 만났다. 당시엔 왔다 갔다 오가는 시간도 선심을 쓴 거였다. 일정 분량 전공에 해당되는 기출 문제의 답을 인출해서 쓰는 스터디를 진행했다. 백지 쓰기를 스터디원들과 같이하는 거랑 같았다. 좋았던 건 한 주간 공부하다 이해가 잘 안 되는 부분을 표시해 놨다가 스터디에서 토론할 수 있었던 거다. 스터디원의 질문에 내가 알고 있던 지식을 쉽게 풀어 설명하는 과정에서 이론이 더 명료해졌다. 또 내가 모르는 걸 스터디원이 알고 있는 언어로 들으니 훨씬 머리에 쏙쏙 잘 들어왔다. 신기하게도 장마 스터디를 기점으로 공부에 다시 활력이 붙기 시작했다. 다행히 재수생의 저력이 어디 딴 데 가지는 않았던 거다. 억수같이 내리는 비에 휩쓸릴 뻔했던 정신 줄을 스터디 덕분에 간신히 잡고 있을 수 있었다.

슬럼프는 멈춤이 아니라 충전의 시간이다. 슬럼프가 왔다는 건 그동안 최선을 다해 달려왔다는 뜻이기도 하다. 나를 위해 잠시 앉아 쉬면서 다시 일어날 준비를 하는 것이다. 슬럼프가 왔다고 그대로 주저앉아 포기하지만 않으면 된다. 정신의 힘을 조금 빼고 평소와 다른 길도 가 보고 다른 사람도 만나보면서 기분전환을 해도 괜찮다. 조바심 내지 않고 시간의 속도를 따라가면 된다. 천천히라도 앞으로 조금씩 나아가다 보면 어느 순간 슬럼프가 뒷배경으로 물러나 있는 걸 발견할 수 있다. 슬럼프가 지나간 뒤엔 앞으로 치고 나갈 에너지가 덤으로 생긴다.

절망을 절실로

안 좋은 일은 같이 온다고 했던가. 슬럼프와 함께 온 절망스러운 소식이 있었다. 갑작스럽게 엄마가 뇌졸중 증상으로 서울의 종합병원에서 입원 치료를 받게 된 것이다. 천만다행인 건 심각한 상태는 아니어서 약물

치료만 하면 되는 상황이었다. 엄마도 이제 예전에 내가 기억하는 젊었던 우리 엄마가 아니었다. 고등학교 때 기숙사 학교에 들어간 후 쭉 집을 나와 산 딸이라서 그동안 너무 무심했다. 내 나이는 20대 후반을 향해 가고 엄마의 시간도 흐르고 있었다. 그렇게 엄마의 몸도 하나씩 아픈 곳이 생기고 있었다.

내게 장마는 책도 손에 안 잡히고 마음이 참 많이 복잡한 시기였다. 큰딸이라는 자식이 부모님께 큰 도움도 못 드리고 고시 공부를 하고 있다는 것이 너무나 죄송했다. 그냥 그럭저럭 멀쩡한 직장 잘 다니면 부모님의 걱정거리도 좀 덜 했을 텐데. 다 내 욕심인가 싶었다. 부모님께 빨리 떳떳한 딸, 자랑스러운 딸이 되어 주고 싶은 마음이 커졌다. 그래서 오히려 더 오기가 생겼다.

가족은 삶의 가장 큰 원동력이다. 무엇을 하든지 간에 '가족을 위해서, 가족과 함께' 같은 수식어가 붙으면 초인적인 힘이 생긴다. '가족'이라면 버텨지고 살아진다. 부모님은 넉넉지 않은 가정 형편에 30년이 넘게 묵묵히 과수원 일을 하시며 두 딸을 키우셨다. 부모님에게 힘든 노동도 기꺼이 하게 만든 것은 어린 두 딸이었다. 긴 세월 다사다난한 일들 속에서 우리 가족을 보고 배운 것이 한 가지 있다. 곧 꺼질 듯한 바람 앞의 등불같이 불안하게 흔들려도 가족은 가족이라는 것이다. 미우나 고우나 가족은 가족이다. 나는 부모님께서 몸소 보여 주신 것처럼 가족을 떠올리며 절실함을 무기로, 다시 일어나서 임고생의 길을 걸어갔다. 제아무리 지루한 장마라 해도 끝이 나기 마련이다.

7

간호학과에 숨은 기회의 문, 보건교사

기회는 오직 한 번뿐, 보건교사의 자격

보건교사로 근무하면서 대학 친구들을 만난 적이 있다. 한 친구는 라식 수술을 주로 하는 강남의 유명 안과에서 일하고, 또 다른 친구는 대형 보험 회사에서 보험 심사 간호사로 일한다. 똑같은 간호학을 전공했지만 이렇게 직장도 하는 일도 다르다는 것이 간호사라는 직업의 매력 포인트가 아닐까. 간호사라는 명함을 가지고 할 수 있는 일은 무수히 많다. 보통 간호사라고 하면 병실에서 환자를 간호하는 임상 간호사를 흔히들 떠올린다. 하지만 나처럼 학교에서 일하는 보건교사, 군대에서 일하는 간호 장교, 제약 회사 간호사, 대학 병원의 연구 간호사, 사업장의 산업 간호사 등등 수많은 간호의 필드가 있다.

친구들과 이야기를 나누다 흥미로운 사실을 알게 되었다. 두 친구는 방향은 달랐지만, 둘 다 간호학과에 적응하지 못하고 겉도는 대학 생활을 했다고 고백했다. 한 친구가 말했다. "난 시험 기간만 되면 매일 울었어. 시험이 시험 기간에 벼락치기로 될 분량이 아닐 뿐만 아니라 도서관에서 미친 듯이 공부하는 애들을 보면 숨이 턱턱 막혀서. 공부를 어떻게 해야 하는지도 몰랐던 거 같아." 친구의 말에 절로 고개가 끄덕여졌다. 사실 간호학과는 고등학교의 연장선이라고 말해도 이상하지 않을 정도의 교육과정과 공부량을 자랑한다. 또 이론교육과 병원 임상 실습을 오가는 교육 환경이 적응하기 쉽지는 않다.

한 친구는 부적응을 예상했지만 한 친구는 같이 과 대표를 했던 친구인지라 의외의 모습에 좀 놀랐다. 그러면서 친구는 내게 물었다. "근데, 교직 그건 어떻게 하는 거야? 난 선택하는 줄도 몰랐네." 간호학과에 교직 이수가 있다는 것을 몰랐다는 것이다. 20년 전이고 인터넷이나 SNS가 그리 발달하지 않았던 라떼 시절이라서 당연히 그럴 수도 있겠다 싶었다. 돌이켜 생각해 보면 교직 이수 대상자를 공식적으로 뽑고 그러진 않았던 것 같다. 성적에 따라서 대상자는 이수 여부를 결정하고 희망하지 않는 사람의 자리는 그다음 석차에 기회가 가는 식이었다.

"아아 교직 이수. 그거 1학년 때 성적으로 상위 30퍼센트 학생에게만 자격을 주는 거였어." 나는 멋쩍게 대답했다. 나의 말에 친구는 "1학년 때 성적으로 교직 이수를 하게 되는 줄도 몰랐네." 했다. 요즘은 간호학과 신입생 중 상위 5~10% 정도가 교직 이수 대상자라고 한다. 대학교에 따라서 교직 과정이 없는 곳도 있다. 한 마디로 케바케다. 간호학과를 희망한다면 미리 대학의 교육과정을 알아보는 준비성이 필요하다. 또, 간호사가 된 후 만약 보건교사가 되고자 하는 뜻이 조금이라도 있다면 대학 1학년 때부터 성적 관리는 필수다. 간호학과에 와서 여느 새내기 대학생처럼 캠퍼스의 로망을 즐기다가는 큰 코 베일 수 있다. 사람 일은 모르는 것인지라 천상 임상 간호사로 퇴직할 것이 아닌 이상 조그만 여지로 선택지를 남겨 두는 것도 나쁘지 않다.

임용 1차 필기시험 결과를 앞두고 임고생 친구들과 이야기를 나누다 의견이 분분했던 기억이 있다. 화두는 '보건도 대학원 과정을 통해서 임용 고시 자격을 받을 수 있다? 없다?'였다. 보건교사 임용 자격에 대한 의견이 두 갈래로 나뉘어 팽팽하게 맞섰다. 우리가 아는 임용 고시는 보통 교육대학교나 사범 대학을 졸업하고 교원자격증을 받은 사람들이 보는 시험이다. 이 외에도 다른 길이 있긴 하다. 일반 학과에서 성적에 따라 일부 교직 이수를 하거나 교육대학원 양성과정에 진학해서 교원자격증을 받는 것이다.

과연 결론은 무엇일까? 보건교사의 경우 딱 하나의 길밖에 없다. 바로 간호학과에 다닐 때 상위 5~10%에 들어서 교직 이수 자격을 얻는 것뿐이다. 수학이나 국어 같은 교과는 일반대학에서 교직 이수를 한다거나 교육대학원 양성과정을 통해서 교원자격증을 받을 수 있다. 하지만 보건은 교육 대학원에 양성 과정이 없고 재교육과정만 있다. 교육 대학원 보건 교육 전공을 졸업한다고 교원자격증이 나오는 게 아니라는 소리다. 또 사범 대학에는 보건 전공이 없고 간호대학에만 있다. 보건교사 임용고시 응시 자격은 보건 교원자격증이 필수적으로 있어야 한다. 결론적으로 보건교사가 되고자 한다면 간호 학생일 때 교직 이수만이 답이다.

간호학과와 보건교사의 공생관계에 대한 상념

간호대학은 간호학 연구 및 교육을 통해 전문직 간호사를 양성하는 곳이다. 간호대학을 통해 배출되는 면허 간호사는 다양한 대한간호협회 산하단체에 소속되어 일을 하게 된다. 대한간호협회 산하에는 병원간호사회, 보건교사회, 산업간호사회, 가정간호사회, 정신간호사회, 노인간호사회 등이 있다. 이처럼 다양한 분야에서 일하는 간호사들이 존재한다. 이 중에서 보건교사는 보건교사회에 소속된 면허 간호사이다. 엄밀히 말해서 보건교사는 의료법에 명시된 의료인인 간호사이자 초·중등교육법에 명시된 교원이다. 보건교사는 전체 간호사 인구의 불과 2~3% 정도이다. 50% 이상의 면허 간호사들이 의료 기관에서 근무한다. 전체적으로 보면 아주 적은 수의 간호사가 학교 보건실에 근무하는 셈이다.

간호대학은 국내 의료 기관에 양질의 간호 인력을 제공해야 하는 사회적 의무가 있는 곳이다. 그렇기에 간호학과 졸업생을 병원에 잘 취업시키는 것은 큰 임무이다. 어쩌면 간호학과의 최종의 목표일 수도 있겠다. 50% 이상의 간호사가 크고 작은 병원으로 가서 일을 하게 되니까 말이다. 그에 비해 간호대학에 보건교사가 되는 길에 대한 정보는 많지 않다. 대부분 개인적으로 임용 고시 학원을 통해서 공부를 준비하고 시험 정보를 입수한다. 또 학교 보건은 간호학의 분과 중에서 지역사회 간호학에 포함되는데, 간호학과에서 교직 이수를 하지 않는 이상 3순위 정도로 배우는 분야기도 하다. 이런저런 이유로 보건교사는 간호사 세계에서 입지가 크지 않다.

하지만 잊지 말아야 할 사실이 있다. 중·고등학교에서 예비 간호 학생을 키우는 건 보건교사라는 점이다. 최근 들어 간호학과 진학을 희망하는 학생들이 해를 거듭할수록 증가하는 걸 실감한다. 고교학점제가 이슈화되면서 보건 교과나 간호와 관련된 과목을 이수하는 학생들의 수요가 훨씬 더 커졌다. 이런 과목들을 수업하는 사람이 바로 보건교사이다. 간호학과 입학 시 보건 교과를 이수하면 가산점을 주거나 보건 동아리 활동을 의미 있게 봐 주면 학교에서 보건교사의 입지도 좀 높아지고 직업적인 위상도 서지 않을까 하는 생각이 든다.

간호학과에 가기 전 필요한 진로 역량을 누구보다 잘 아는 사람이 보건교사이다. 또 많은 보건교사가 간호사를 꿈꾸는 학생들과 울고 웃으며 교육 현장에서 고군분투하고 있다. 간호의 발전을 위한 선순환을 잘 생각해야 할 때이다. 우리 사회에 이바지하는 미래 간호 인력을 양성하기 위해서는 보건교사와 간호대학의 공생을 고민해야 할 시기가 아닐까.

· 4장 ·

꿈을 가꾸는 보건교사가 되다

1

꿈에 그리던 보건교사가 되고 보니

경기도 한 고등학교에 첫 발령을 받다

살다 보면 정말 경험치는 무시 못 하는 것 같다. 2년간의 임고생 생활과 한 번의 낙방 경험은 나를 한 없이 작게 만들었다. 호기롭게 임용에 뛰어들었을 땐 당연히 서울 지역 보건교사 임용 시험에 응시할 요량이었다. 서울 지역에 딱 10명만 TO가 나도 무조건 서울에 응시할 생각이었다. 칼을 갈며 재수생 생활을 하던 나는 TO 발표가 나는 날을 손꼽아 기다렸다. 운명의 장난이 이런 걸까? 내가 다시 시험에 응시하던 해, 서울 보건 TO가 꼴랑 7명이었다. 10명만을 마음속으로 외쳤지만, 운명은 나를 비껴갔다. 고민이 깊어졌다. 이전 해보다는 자신감이 붙었지만, 용기가 필요했다. 당시 30명 이상의 TO가 났던 경기 중등이냐, 7명 TO가 난 서울이냐? 두 번의 시험 준비로 마음이 약해진 난 빨리 고시생 생활을 청산하고 싶었다. 고민 끝에 결국 경기 중등을 선택했다. 이번에 꼭 붙고 싶다는 바람이 간절했다. 우선 붙고 나서 경기도의 외지라도 발령받으면 일하면서 재도전해야지 하는 마음도 한편에 있었다.

그렇게 임용 시험에 합격했다. 합격 컷 라인에서 한참 웃도는 높은 성적으로. 이래서 인생은 알 수 없는 거라고 하는 것 같다. 모험을 조금만 감행했더라면 어땠을까 하는 후회가 없었다면 거짓말이다. 그래도 기쁨이 더 컸다. 세상을 다 가진 기분이 들었다. 2월 최종 합격자 발표 이후의 시간은 진짜 쏜살같이 지나갔다. 발표 당일 바로 채용 신체검사부터 했다. 각종 임용후보자 서류를 준비해서 교육청에 제출하고 정신 차리니 신규임용 예정 교사 집합 연수가 시작됐다. '내가 진짜 교사가 되긴 되었구나.' 실감이 나는 순간이었다. 학교 보건실에서 일하게 된 게 꿈만 같았다.

내 첫 발령지는 경기도 고양시의 한 고등학교였다. 첫 발령지 치곤 생각보다 좋은 지역이었다. 같이 공부했던 임고생 친구들도 함께 축배를 마시고 용인, 과천, 부산, 충남 등 전국각지의 초·중·고등학교로 제자리를 찾아갔다. 같이 울고 웃으며 고생한 친구들이 다 같이 붙어서 더 행복했다. 고양교육지원청에 임용장을 받으러 가는 날 기억이 새록새록 난다. 그날 엄마, 여동생과 갔다. 제일 마음 졸렸을 가족과 그 순간을 함께 하고 싶었다. 이런 날이 와서 감사하고 또 감사했다.

첫 인수인계의 황당한 기억

새 학기가 시작되기 전 2월 말, 첫 발령을 받은 학교의 전임 보건 선생님과 미리 약속을 잡고 인수인계를 받으러 갔다. 현대화 사업이 진행되지 않은 듯한 보건실에 정리 정돈도 잘 안되어 어수선했다. 워낙 내 성향인 탓도 있겠지만 첫인상은 그랬다. 그래도 이제 내가 관리를 하게 되는 것이니 책임감도 조금 생겼다.

전임 선생님은 친정어머니를 모시고 나를 만나러 오셨다. 개인적인 사정이 있으셨거니 싶었다. 문제는 내가 신규여서 보건실 업무의 'ㅂ'자도 모른다는 데 있었다. A4 용지 한 장도 채 안 채워진 인계장을 보며 정말 순식간에 인계가 끝났다. 스쳐 지나갔다고 해도 과언이 아닐 것 같다. 이 상태로 당장 3월에 일을 어떻게 하지 불안감이 엄습해왔다. 전임 선생님께서 떠나시고 보건실에 혼자 남아 있으니 무인도에 혼자 덩그러니 떨어진 기분이 들었다.

뭐부터 해야 하는 거지? 병원처럼 누가 오더하는 것도, 당장 뭘 처리해야 하는 것도 없었다. 가만히 보건실을 둘러보다가 개학을 하기 전에 우선 보건실 환경부터 정리해야겠다는 생각이 들었다. 공부할 때도 책상 정리부터 하는 사람들이 있지 않은가. 내가 그런 사람이다. 빛이 들지 않는 구석에 있던 업무용 책상을 낑낑거리며 밀어서 보건실 입구가 정면으로 보이는 창가 쪽으로 옮겼다. 책상에 햇살이 쫙 드니 그제야 기분이 좀 나아졌다.

보건실장의 놀이터

보건실은 나 혼자라서 쓸쓸하기보다는 아늑한 공간이었다. 내가 원하는 대로 내 입맛에 맞게 보건실 규칙을 세우고 물품들을 채워 나갔다. 약품 장의 약물과 소모품들을 뒤져 유통기한이 지난 약들은 버리고 종류별, 유통기한별로 정돈했다. 사무용품 수납함과 드레싱 카트의 물품들에 라벨링을 했다. 낯설고 어색한 첫 만남과는 달리 시간이 지나니 보건실은 점점 나와 하나가 되는 듯했다. 내 손이 닿을 때마다 조금씩 익숙해졌다. 모든 학교에 보건실이 있지만 보건교사마다 운영방식이나 환경이 다 천차만별인 이유이다.

보건교사로서의 마땅히 가져야 할 자세를 깨닫게 해 준 재미있는 추억이 하나 있다. 첫 발령을 받은 학교에서 근무하시던 당직 기사님은 전직 교장 출신이셨다. 카더라 통신으로 들은 바로는 퇴직하고 소일거리로 학교에서 당직 일을 하고 계신다고 하셨다. 연세가 지긋하신 당직 기사님은 휴일에 보건실로 온 택배가 있으면 직접 보건실로 물품을 가져다주곤 하셨다. 보건실 문을 여시며, "보건실장~ 택배 왔어." 하셨다. 그 말에 절로 미소가 지어졌다. '보건실장?' 신박한 단어였다. 보건교사면 보건교사지, 내가 보건실장이라는 한 번도 생각해 본 적이 없는 개념이었다. 생각해 보면 보건교사는 보건실의 관리자니까 보건실장이 맞긴 맞다.

그때 처음으로 보건실장의 마인드에 대해 생각하게 되었다. 보건실을 경영하는 사람으로서의 보건교사의 역할을 말이다. 실제로 학교 보건 업무 중 보건실 운영은 가장 중요하고 큰일이다. 이를테면 보건실에 온 학생이나 교직원들에게 응급 처치, 투약, 건강 상담을 하고, 편안한 분위기의 쾌적한 물리적 환경을 만들고, 각종 건강 증진 사업을 진행하는 것이다. CEO의 마인드를 가지고 말고는 보건 업무를 하는 데 있어 커다란 차이를 만든다. 모든 보건교사가 똑같이 하는 일이지만 나만의 창의적인 방식을 찾게 되는 것이다. 학생들에게 건강정보를 좀 더 효과적으로 전달하는 방법을 고민하게 되고, 좀 더 편안하고 안락한 보건실 환경을 유지하려고 노력하게 되고, 좀 더 효과적인 보건 업무 프로세스를 고안하게 된다. 자기 경영을 하듯 내 삶의 한 조각처럼 보건실을 경영하면 일은 놀이처럼 즐거워지고 보건실은 창조적으로 발전하는 장소가 된다. 즉 보건실은 보건교사가 신나게 일하는 놀이터가 되는 것이다.

2

안녕? 엉뚱 발랄 보건실의 손님들

쌤, 지금 꼭 씻어야 해요?

처음 발령받은 학교는 남녀 공학인 고등학교였다. 미혼인 젊은 보건 선생님이 새롭게 왔다고 하니 호기심에 구경 오는 학생들이 많았다. 그 것조차 너무 귀여워 보였고 아이들과 농담 따먹기 하는 것도 재미있었 다. 점심시간이면 늘 참새 방앗간처럼 보건실을 찍고 가는 학생들도 있 었다. 일분일초도 긴장을 풀 수 없었던 병원에 비해서 학교 보건실은 비 교적 여유가 흘러넘쳤다.

'보건실'에서 하는 일 중 가장 본연의 일이 아픈 학생들을 치료하고 돌 보는 것이다. 학교 보건실에는 감기, 생리통, 복통, 두통과 같은 질병이 나 찰과상, 염좌, 골절 등 외상 환자들이 주로 온다. 응급하지 않은 가벼 운 경우가 대다수지만 간간이 예외의 상황이 발생하기에 보건교사는 긴

장의 끈을 놓을 수 없다.

보건실에서 보는 가장 흔한 외상은 남녀 불문하고 단연 찰과상이다. 찰과상은 넘어지거나 긁히는 등 마찰 때문에 피부층에 손실이 발생하는 상처이다. 보통은 적거나 많은 출혈을 동반한다. 또한 피부 보호막이 깨지기 때문에 감염의 위험이 있다. 축구를 하다가 넘어져서 온 무릎에 흙과 피가 뒤엉켜서 오는 학생, 등교하다가 시멘트 바닥에 넘어져서 오는 학생, 체육관 바닥에 쓸려서 온 학생, 손톱의 거스러미를 뜯어서 피가 나서 오는 학생, 새 신발을 신고 발뒤축이 벗겨져서 오는 학생 등등 찰과상의 원인은 다양하다.

찰과상은 피가 나기 때문에 학생들은 조금 겁을 먹은 상태로 보건실에 온다. 찰과상으로 보건실에 오면 내가 가장 먼저 하는 말은 "세면대로 가서 깨끗이 씻고 오세요."이다. 그러면 과반수 넘는 학생이 되묻는다. "쌤, 꼭 씻어야 해요? 아! 너무 아픈데요, 안 씻으면 안 돼요?" 아파도 씻어야 한다. 왜냐하면 찰과상을 치료하는데 1순위가 세척이기 때문이다. 다친 직후 최대한 빨리 깨끗한 물로 상처를 씻는 것이 중요하다. 흐르는 물에 피와 흙이 보이지 않을 때까지 닦아 내는 것이다. 그래야 곪거나 덧나는 감염을 막을 수 있다. 기본적인 응급 처치법이지만 학교에서 보면 성인인 일반 선생님들도 잘 모르시는 경우가 흔하다. 상처의 더러움을 잘 닦고 나서 그다음 소독제를 사용하는 것이다. 세척은 눈에 보이는 이물질을 없애는 것이라면, 소독은 병원체 같은 미생물을 제거하는 것이다.

어쩌면 당연하다고 느껴지는 응급 처치지만 모든 사람에게 당연하진 않다는 걸 많이 느낀다. 고등학교를 졸업하면 학생들은 더 이상 보건교사가 없는 세상으로 나가게 될 것이다. 그 후로도 살면서 학생들은 언제 어디서든 다칠 수 있다. 그렇기에 보건교사는 단순히 응급 처치만 하는 것이 아니라 학생들이 스스로 올바른 대처를 할 수 있는 건강 관리 능력을 가질 수 있도록 도와야 한다. 그래서 자꾸만 잔소리 아닌 잔소리를 하게 된다. 어제도 오늘도 '아프지만 상처를 씻어야 하는 이유'를 입이 아프게 설명하고 또 설명한다.

쌤, 저 밴드 주세요

유난히 보건실에 들어서자마자 학생들이 많이 하는 말이 있다. "뭐 주세요." 필요한 것은 마데카솔, 밴드, 소화제, 타이레놀, 생리통약, 감기약, 붙이는 파스 등등 다양하다. 그러면 나는 다시 묻는다. "왜~ 어디가 불편하니? 어디가 아프니? 나 좀 보여 줄래?" 학생들은 이미 자신이 아픈 이유나 치료법을 다 알고 있는 듯하다. 그저 보건실에서 목적했던 의료품을 받아 가면 모든 병이 나을 거로 생각한다. 약이면 다 된다는 착각에 빠져 있다.

학생이 반복적으로 호소하는 증상과 신체적 변화에 주목하면 질병을 조기 발견하는 열쇠가 된다. 자주 보이던 한 남학생이 한동안 보이지 않다가 보건실에 나타난 적이 있다. 그동안 잘 지냈냐고 인사를 건네니, 학생이 흥분하며 말했다. "선생님, 저 갑상선기능항진증 진단받고 치료 중이에요." 나는 깜짝 놀랐다. 갑상선 질환은 주로 여자에게 생기는 줄 알고 있었는데 남학생에게 생겼다고 해서였다. 알고 봤더니, 마지막 보건실에 왔을 때, 내가 "너 요즘 살이 너무 많이 빠진 것 같아. 그 정도로 살빠지는 건 암 아니면 뭔가 몸에 병이 생긴 거야. 병원에 가 보는 게 좋을 거 같아."라고 한 말을 듣고 바로 병원에 가 보았다는 것이다. 그나마 병원에 가라고 한다고 순순히 갔다니 말을 참 잘 듣는 학생이기도 하다. 덕분에 갑상선기능항진증을 빨리 발견할 수 있었다고 했다. 그 말에 나는 순간적으로 안도감과 함께 책임감을 동시에 느꼈다.

보건교사가 알고 싶은 건 학생들이 필요한 것보다는 그들이 가진 객관적이고 주관적인 증상이다. 어디가 언제부터 어떻게 아픈지 무척 궁금하다. 질병에 따라서 약을 먹으면 증상이 가려지는 때도 있고, 중복되는 약을 복용하는 경우도 있고, 상황에 맞지 않는 투약일 때도 부지기수다. 똑같은 상처에도 상처의 위치나 상태에 따라서 사용하는 드레싱 재료가 완전히 달라질 수 있다. 잘못된 투약을 막고 적절한 처치를 하기 위해서라도 보건교사는 과하게 묻고 과하게 관찰한다.

이따금 바코드 자해

새 학기가 막 시작된 3월의 어느 날, 아침 9시 15분경 3학년 여학생이 보건실에 담담한 얼굴로 들어왔다. 수업이 이미 시작됐을 시간이었지만 학생은 가방을 어깨에 멘 상태였다. 교실이 아닌 집에서 바로 보건실로 온 것임을 눈치챘다. 어디가 불편해서 왔냐고 물었더니 학생이 한참을 머뭇거렸다. 그러더니 내게 왼쪽 손을 쓱 내밀었다. 학생의 동복 재킷 소매를 걷은 난 두 눈으로 본 것을 믿을 수가 없었다. 학생의 좌측 손목에 족히 10개 이상은 돼 보이는 칼로 그은 상처에 피딱지가 엉겨 붙어 있었다. 어떤 건 얕았지만 어떤 건 꽤 깊었다. 학생에게 놀란 티를 내거나 흥분하지 않으려고 애썼다. SNS를 타고 학생들 사이에서 번지는 '바코드 자해'라는 것이었다. 손목에 바코드 모양으로 여러 번의 자해 흔적을 남기는 것이다.

차분하게 학생의 손목을 치료하고 나서 조용히 학생과 마주 앉았다. 아침에 집에서 속상한 일 있었냐는 물음에 학생은 말없이 고개를 끄덕였다. 알고 보니 불우한 가정 환경에 마음이 많이 다친 학생이었다. 학생의 어머니는 알코올 중독으로 늘 술에 취해 있고, 학생이 공부하거나 뭔가를 하려고 하면 화를 내고 술주정을 부린다고 했다. 아버지는 이런 가정 상황을 모두 알고 있지만 학생을 돕지 않고 방관하고 있었다. 학생은 자신의 현실을 비관해서 보란 듯이 자해하고 있었고 이전해 겨울엔 자해로 응급실까지 간 적이 있는 위태로운 상태였다. 정신건강의학과에서는 우울 장애를 진단했지만. 학생은 제대로 치료받지 않았다. 학생의 자초지종을 듣고 나니 안쓰러움과 측은함만 커졌다. 학생의 부적응과 비행에는 부모와 가정 환경의 영향이 큰 영향을 미친다는 걸 다시금 확인하는 순간이었다. 보건실에서는 자해 학생을 어렵지 않게 볼 수 있다. 상황이 심각한 경우엔 상담 교사에게 연계하여 교내 위기관리위원회를 소집해야할 때도 있다. 왜냐하면 학생이 위기를 극복하는데 학교와 가정이 함께 협력해야 더 효과적이기 때문이다.

학생들이 자해하는 이유는 진짜 죽으려는 것이 아니다. 죽을 만큼 힘든 나를 좀 돌봐 달라는 SOS이다. 당장 터져 버릴 듯한 분노나 슬픔, 답답함 같은 정신적 고통을 자기 몸을 대신 아프게 함으로써 해소하려는 것이다. 보건실에 있으면 자해 학생이 잊을만하면 한 번씩 찾아온다. 학교 폭력 때문에, 가정불화 때문에, 성적을 비관해서, 그냥 우울해서 자기 몸과 마음에 생채기를 냈다고 한다. 나는 처음엔 생각했다. '자해한 자기 손목을 숨기고 싶을 것 같은데 자연스럽게 와서 보여 주는 것이 조금은 의아하다.' 자해하는 학생을 몇 번 발견하고는 나서 그 의아함의 답을 찾았다. 자해를 한 학생들은 관심과 사랑이 필요한 것이었다. 그래서 보건실에 와서 자신이 이렇게 힘들다고 내 이야기 좀 들어 달라고 도움을 구하는 것이다. 보건교사는 마음이 아픈 학생들도 품어 주며 기꺼이 도와야 한다.

쌤, 여자친구가 임신하면 어쩌죠?

1학기 기말고사를 앞둔 6월 어느 날, 학생들이 다들 노느라 여념이 없는 점심시간 한 남학생이 보건실로 들어왔다. 1학년 때부터 쭉 봐 왔던 3학년 학생이었다. 내가 알기론 고학력 부모님 슬하에서 자란 외동아들인데, 평소 학입 스트레스가 심하다고 했다. 공부도 곧 잘하고 학급 회장도 맡는 모범적인 학생이었다. 내가 본 모습은 조용하고 차분했다.

뜸을 들이는 걸 보아하니 아파서 온 건 아닌 모양이었다. 학생이 무슨 말을 할지 가만히 기다렸다. 그러자 학생은 너무나 뜻밖인 이야기를 털어놓았다. 여자친구와 12시간 전에 성관계했는데, 어머니께 말씀드리고 응급 피임약을 처방받아서 여자친구가 복용했다는 것이다. 어린 학생들이 감당하기에 어려운 상황이지만 나름 잘 대처를 한 것으로 보였다. 나에게 와서 이야기하는 이유는 무섭고 걱정이 돼서였다. 응급 피임약을 먹어도 임신이 되는 건 아닌지, 여자친구에게 혹시나 문제가 생기는 건 아닐까 노심초사였다. 성 문제에는 모범생, 부적응학생이 따로 없구나 싶었다. 학생의 솔직한 태도에 함께 진지하게 들어주고 조언해 주었다. 이성 친구를 향한 따뜻함이 느껴져서 그나마 다행이란 생각과 함께 책임감 있는 성행동을 알려 주는 성교육의 필요성을 절감했다.

남녀 공학 고등학교 보건실에는 다소 민감한 성 관련 문의도 종종 있다. 신체적인 질병인 질염 증상부터 시작해서 이성 교제나 성 경험 상담까지 그 사유도 다양하다. 학생들이 숨기지 않고 터놓고 말하면 그나마 다행이다. 비밀스러운 상담을 통해 학생들에게 1:1 성교육을 할 수 있는 기회가 되니까 말이다. 단 한 명의 학생이라도 바뀐다면 보건실은 의미 있는 장소이다.

학교 안에서 보건실은 작은 병원이다. 보건실에 오는 아이들은 보건교사가 진짜 의사라도 되는 양 진단과 치료를 원하기도 하고, 의료상의 처치를 받아서 낫는 것인 줄 안다. 하지만 나는 알고 있다. 아이들을 낫게 하는 것은 진심으로 어루만져 주는 따뜻한 손길이고 한 마디 더 건네주는 관심이다. 왜냐하면 학교에서 보는 케이스는 학교라는 공간에서 여러 가지 이유로 신체화 증상을 호소하는 아이들에 대한 심리적 간호가 적지 않기 때문이다. 학교 보건실에서, 시간이 지나도 초심을 잃지 않고 아이들의 몸과 마음의 상처를 모두 보듬어 주는 나이팅게일이고 싶다.

3

병원은 코드블루, 학교는 코드스카이

밥 먹다 말고 무슨 일

첫 부임을 하고 4년 만인 2019년에 새로운 학교로 전근을 왔다. 새로운 지역의 새로운 학교에 적응하고 있던 4월의 어느 날이었다. 점심 밥을 먹는데 급식실에 방송이 울려 퍼졌다. "교내에 계신 보건 선생님은 지금 바로 보건실로 와 주세요." 내 손엔 휴대 전화가 들려 있었지만, 교내 방송으로 나를 찾고 있었다. 방송으로 나를 찾는 건 흔치 않은 상황이었다. 순간 너무 놀라서 밥을 푸던 숟가락을 그대로 던져 놓고 뛰기 시작했다.

보건실 앞에는 남학생이 우측 손에 피를 흘리며 씩씩거리며 서 있었다. 같이 온 선생님께서는 선홍색 피를 보고는 어찌할 바를 몰라 하셨다. 학교 사람들에게는 피가 보이면 응급이다. 나중에 듣고 보니 학생이 친구와 다투다가 화가 나서 주먹으로 유리창을 내리친 것이었다. 남학생들끼리 유리창을 깨부수는 일은 고등학교에서 놀랍지 않은 일이다. 다행히 상처는 심각하지 않아서 드레싱을 하고 응급 처치는 잘 마무리되었다. 하지만 내 식판의 밥은 싸늘하게 식었고 식욕은 달아나 버렸다.

병원에서 일할 때 제일 무서운 방송이 있었다. 바로 '코드블루'이다. "서8 병동 코드블루, 코드블루."라는 음성이 울려 퍼지면 순식간에 어린이 병원의 의사들이 우르르 몰려 들어오곤 했다. 코드블루는 심정지 환자가 발생했다는 병원의 암호이다. 코드블루가 뜨면 병동에서는 의료진들이 합심하여 어린 생명을 살리기 위한 심폐 소생술을 시작한다. 병원에서 코드블루가 비일비재한 것에 반해 학교에서는 코드블루 상황은 극히 드물다. 대신 코드블루까지는 아니지만 응급 처치가 필요한 긴급한 상황이 있다. 내가 일명 '코드스카이'라고 부르는 학교 응급 상황이다.

난생처음 구급차를 타게 한 스트레스성 과호흡 증후군

고등학교라서 그런지 응급 상황이 자주 발생하지는 않는다. 아무래도 고등학교에 비해 초·중학교 학생들은 자가 면역력도 약하고 모험적인 행동도 더 많아서 응급 상황이 더 자주 발생한다. 초기 환자 사정이 잘 되고 적절한 대처를 하면 119 이송까지 가진 않지만 늘 가슴을 쓸어내리는 상황이긴 하다. 내게도 기억에 남는 '코드스카이'가 몇몇 있다.

아무래도 내 인생 처음으로 119구급차를 탔던 때가 기억난다. 초여름이 막 오고 있던 6월 아침이었다. 출근한 지 얼마 되지 않은 9시경 사건이 발생했다. 2학년 여학생이 등교 직후 몸이 좋지 않아 보건실에 가려고 교실 밖 복도로 나와 담임 교사와 대화를 나누던 중 그대로 쓰러져 호흡 곤란을 호소했다. 응급 호출을 받고 뛰어가니 학생은 심하게 땀을 흘리며 분당 50회 이상의 과호흡을 하는 상태였다. 의식은 이름을 부르면 힘들게 대답하고 눈도 뜨는 모습을 보였다. 다행히 경련의 모습은 아니었고 과거력도 없다고 했다. 산소 포화도는 98%로 잘 유지되고 있었다. 과호흡 증후군이 의심되는 상황이었다.

의료진은 오직 나뿐인 학교에서 나 홀로 이 모든 것을 감당하려니 당황했지만 차분하게 대처해야 했다. 즉시 호흡 유지를 위해 조이는 교복 단추를 풀어 주고 봉지를 대 주어 이산화탄소를 재호흡 할 수 있게 응급 조치했다. 그러다 보니 119가 도착했다. 119 신고는 담임 교사가 놀라서 이미 한 상태였다. 그렇게 보건교사가 된 이후 처음으로 119를 타게 된 것이다.

응급실에서 학생을 어머니께 무사히 인계하고 나는 학교로 복귀했다. 한바탕 소동을 치르고 상황을 관리자에게 보고하고 응급환자 이송보고서도 작성해서 결재에 올렸다. 그러다 오후 3시경 학생이 어떤지 궁금하고 걱정이 되어 학생의 어머니께 전화를 걸었다. 학생은 아침에 있었던 일과 자기 자신, 친구, 가족뿐만 아니라 휴대 전화 잠금 패턴도 기억하지 못한다고 했다. 기억 상실증이란 게 이런 거구나 싶었다. 의사는 일시적인 현상일 수 있어 며칠 지켜보자며 MRI는 권하지 않았다고 했다. 학생의 어머니는 학생의 상태와 함께 조심스럽게 근래의 일을 털어놓으셨다. 3월쯤 헤어진 거짓말이 심한 남자친구와의 불미스러운 일로 최근 학생이 매우 극심한 스트레스를 받았다는 것이다.

응급 상황은 원래 기저질환이 있는 학생이나 눈에 보이는 외상만으로 생기지 않는다. 심리적, 정신적 스트레스도 응급 상황을 만든다는 걸 경험으로 배운 날이었다. 고등학교의 경우 학생들이 성적에 한창 예민하다. 또한 친구 관계나 이성 관계에서 생기는 크고 작은 일들로 울고 웃으며 일상을 좌지우지할 수 있는 시기이다. 그래서 보건교사는 참새처럼 조잘거리는 학생들의 말 속에서 숨겨진 마음도 읽어 주는 자세를 가져야 한다.

천식 발작과 기관지 확장제

둘째 아이 출산 후 육아 휴직을 끝내고 이듬해 여름에 학교로 복직했다. 그 사이 코로나가 잠잠해지고 학교는 일상화가 시작되었다. 학교 업무에 적응해 가던 10월의 어느 날이었다. 아침 11시경, 1학년 여학생이 학교 활동 중 호흡 곤란을 호소하며 보건실로 오다가 보건실 앞에서 고개를 푹 숙이고 앉은 상태로 고꾸라졌다. 학생의 이름을 물으니 아뿔싸 싶었다. 요양호 학생으로 평소 벤톨린(기관지 확장제)를 흡입하는 기관지 천식 학생이었다. 맙소사! 천식 발작이다. 함께 온 친구에게 벤톨린을 찾으니 오늘 약물을 안 가지고 등교했다는 것이다. 눈앞이 캄캄하고 아찔해졌다. 학생은 곧 숨이 넘어갈 듯한 상태였다. 즉시 119에 신고했다.

산소 포화도는 89~90%로 겨우 유지되며 저산소증 사이에서 아슬아슬했다. 학생의 의식도 점점 흐려졌다. 급한 대로 학생을 다른 선생님께 기대게 하여 기도를 유지하면서 휴대용 산소캔으로 산소를 주면서 119가 오기를 기다렸다. 벤톨린을 빨리 마시는 것밖에 할 수 있는 게 없는 상황이었다. 1분 1초가 안 가고 초조했다. 나중에 시간을 확인하고 보니 신고한 지 채 5분이 되지 않아 119가 도착했다. 어머니와 전화 통화로 약물을 확인하고 구급차에 구비하고 있던 벤톨린을 학생에게 흡입시켰다. 그리곤 담임 교사와 함께 근처 응급실로 학생을 옮겼다. 학생이 구급차를 타고 떠날 때까지도 호흡 곤란을 호소하는 모습을 보여서 내심 걱정스러웠다.

상황이 다 정리되고 난 뒤, 보건일지 기록을 확인해 보니 천식 발작이 이번이 처음이 아니었다. 이전에도 벤톨린을 안 가지고 학교에 왔다가 위험한 상황이 될 뻔한 과거력이 있었다. 내가 학기 초 건강 상담을 할 때 더 강하게 말해줬더라면 하고 후회됐다. 기관지 천식이나 소아 당뇨 같은 만성 질환 학생은 언제 어디서나 늘 응급 약물을 몸에 지니고 다녀야 한다. 또 보건교사는 건강 상담을 통해 철저한 약물 교육을 해야 한다. 왜냐하면 천식 발작이나 고혈당 쇼크가 발생했을 때 응급 약물이 없으면 생명까지 위험해질 수 있기 때문이다. 만성 질환을 앓고 살아가는 학생의 어려움도 이해 안 되는 건 아니지만, 응급 상황을 막는 길은 단한 가지뿐이다. 두 번 다시 겪고 싶지 않은 응급 상황을 통해 보건교사도 만성 질환 학생도 한 뼘 성장한다.

보건교사는 응급이 터지면 상황이 말해 주는 단서와 학생이 보이는 증상을 짜깁기해서 정확한 판단과 신속한 대처를 해야 한다. 119 신고가 필요한 상황인지 아닌지, 어떤 응급 처치를 해야 하는지 말이다. 보건교사의 가장 큰 부담이라면 나를 도와줄 수 있는 선후배 간호사들이 포진하고 있는 병원에 비해 혼자 모든 걸 감당해야 한다는 것이다. 응급 상황도 없고 특별한 이벤트 없이 하루가 지나가면 마음이 가볍다. 사실 보건실에선 그런 날이 대부분이긴 하지만 단 한 번 생기는 응급 상황도 만만치가 않다. 그래서 보건실 문을 열며 마음속으로 기도하게 된다. 오늘 하루도 무사하게 지나가길.

4

첫해부터 메르스, 그리고 코로나까지

신종 감염병의 서막

2009년 신종플루가 전 세계에 대유행했다. 당시 서울대병원 앞에는 천막으로 만든 임시 진료소가 꾸려졌다. 신규 간호사였던 나는 매일 신종플루 발생 추이를 들으며 노심초사한 심정으로 일했던 기억이 있다. 왜냐하면 역격리(면역력이 저하된 환자를 외부 환경으로부터 보호하기 위해 시행하는 격리 조치) 대상자들이었던 우리 소아암 아이들이 감염되면 어쩌나 걱정됐기 때문이다.

내가 간호사가 아니었다면 그저 나 하나 예방 수칙을 준수하며 감염되지 않으면 된다고만 단순히 생각했을 것이다. 의료인의 세계에 들어온 후, 감염병은 나 하나 지켜 내서 될 문제가 아닌 것이 되었다. 교직에 들어오고 나서 풍문으로 들은 바로는 신종플루 당시 학교는 더 난리가 아니었다고 한다. 전국의 각급 학교에 신종플루가 폭발적으로 퍼지면서 보건교사의 업무량이 어마어마하게 늘어난 것이다. 그 당시 학교 현장에서 있던 일선의 보건교사들은 여럿이 과로로 쓰러졌다.

감염병은 인류의 삶에서 중대한 키워드로 떠오르고 있다. 문제는 2009년 신종플루 전에도 2002년 사스(SARS, 중증급성호흡기증후군) 같은 역사적으로 굵직한 감염병들이 있었고 잊을만하면 유행하고 있다는 것이다. 발생 주기 또한 점점 짧아지고 있다. 내가 학교에 첫 발령을 받던 2015년에도 큰 감염병이 전 국민을 두려움에 떨게 했다. 바로 메르스(MERS, 중동호흡기증후군)다. 당시 신규 보건교사로 업무 파악도 정확히 안 된 상태인 5월 메르스의 공격은 당황스럽기만 했다. 메르스와 관련된 공문들이 쏟아졌다. 매일 아침 체온 측정으로 의심 환자를 선별하고, 감염병 예방 계기 교육 등을 시행하며 확산 방지를 위해 애썼다. 그렇게 감염병 관리는 학교 보건에서 급부상하고 있었다.

메르스를 겪으며 우리나라 국민의 뇌리에 확실히 자리 잡은 것이 하나 있다. 평범한 일상을 송두리째 위협하는 감염병의 위력이다. 당시 외과 중환자실에서 메르스 환자를 돌보던 김현아 간호사의 『나는 간호사, 사람입니다』에는 메르스와 같은 신종 감염병이 우리의 삶을 어떻게 철저히 격리하는지, 감염병의 정중앙에 선 의료진이 얼마나 극심한 노고를 하는지 고스란히 담겨있다. 간호사도 사람이라며, '차가운 시선과 꺼리는 몸짓 대신 힘주고 서 있는 두 발이 두려움에 뒷걸음치는 일이 없도록 용기를 불어넣어 달라'는 절절한 편지가 아프게 와닿는다. 어쩌면 우리에게 메르스는 코로나의 예행연습이었는지도 모른다.

일반인으로 맞은 코로나

코로나가 막 태동하던 2019년 12월 첫 아이를 출산했다. 아이와 처음 만나 병원을 나와 산후조리원으로 갈 때까지만 해도 세상은 폭풍전야처럼 고요했다. 산후조리를 끝내고 집으로 돌아와 아이가 50일쯤 될 무렵이었다. 성장 앨범 촬영을 하러 가려고 세상 밖으로 나왔을 때 받은 충격은 이루 말로 표현할 수 없다. 차 창밖으로 보이는 거리의 사람들이 죄다 마스크를 쓰고 있었다. 코로나가 세상을 뒤덮고 있던 때였다. 끔찍하고 무서운 일이 벌어지고 있다는 걸 직감했다.

복이 많은 건지 뭔지 출산·육아로 코로나를 휴직한 보건교사의 신분으로 지켜보게 되었다. 현장을 떠나서 있지만 매스컴이나 SNS에서 연일 나오는 코로나 관련 뉴스에 촉각이 곤두섰다. 만약 학교에 있었더라면 어땠을까? 생각만 해도 골치가 아프면서, 한편으로는 현장에서 고생하시는 동료 보건 선생님들과 나를 대신해서 일하고 계신 대체 보건 선생님께 미안하고 감사한 마음이 들었다.

2019년 출산 직전 학교에 근무할 때, 선택 교과로 보건 수업을 했다. 그 당시 '감염병과 개인위생'이란 주제로 수업을 진행한 적이 있다. 학생들과 손 씻기 뷰박스 체험과 마스크 쓰기 실습으로 올바른 개인위생에 대해 교육했다. 그때까지만 해도 학교에서 쓰는 마스크는 화장을 안 하고 온 여학생들이 주로 얼굴을 가릴 때 쓰거나 껄렁한 학생들이 멋을 부릴 용도로 쓰는 정도였다. 먼저 각자의 방식대로 마스크를 써 보라고 하자 별의별 모습이 나타났다. 코는 안 가리고 입만 가리는 학생, 마스크를 앞면과 뒷면을 뒤집어서 쓰는 학생, 코에 있는 철사를 안 누르는 학생 등 가관이었다. 그런 학생들에게 올바른 마스크 착용법을 교육하고 뿌듯했던 기억이 있다.

그런데 불과 1년도 채 안 되는 사이 세상이 완전히 달라졌다. 마스크를 안 쓰면 법적으로 제재를 받는 세상이 온 것이다. 신종 감염병을 겪으며 예방 수칙으로 마스크를 쓰는 걸 세 살배기 아이도 당연하게 생각하는 뉴 노멀(새로운 기준)이 된 것이다. 아무리 훌륭한 교육이라고 해도 산 경험보다 좋은 교육은 없는 것 같다.

코로나와 학교의 감염병 컨트롤타워

학교는 학생들이 집단생활을 하는 공간이기 때문에 단 한 명의 감염자로도 급속히 전파될 수 있어서 감염병 관리가 중요하다. 그만큼 보건교사는 감염병 예방과 위기 대응을 위한 감각과 민첩한 행동 능력이 필요하다. 또한 감염병 관리에서 무엇보다 중요한 것이 담임 교사와 의사소통이다. 학교의 상황상 감염병 학생이 생기면 담임 교사가 제일 먼저 알게 되고 보건교사에 보고하는 순서를 거친다.

원활한 감염병 컨트롤타워의 역할을 하기 위해선 감염병 관리 조직을 구성하고 보고 및 대응 체계를 전 교직원이 인지하고 있도록 주지시키는 것이 중요하다. 나는 구글 시트에 나만의 감염병 관리대장을 만들고 담임 교사들이 바로바로 감염병 발생을 보고할 수 있도록 했다. 온라인 실시간 협업 도구를 활용하면 일일이 통화나 메시지를 주고받지 않아도 언제 어디서나 학생들의 감염병 발생 상황을 즉시 알 수 있어서 편리했다.

학교의 감염병 관리는 담임 교사와의 소통뿐만 아니라 학부모, 학생, 다른 학교 학생까지 염두에 두어야 한다. 코로나 확진자로 놀란 가슴을 쓸어내렸던 해프닝이 있다. 2021년 복직을 했을 때는 코로나 단계적 일상 회복이 시작되는 시점이었다. 코로나 확진자와 접촉하였으면 자가 격리 대상자가 되는 규정이 유지될 때였다. 2학기 개학과 함께 전면등교가 시작된 11월 어느 날, 아침 일찍 다른 학교의 보건 선생님으로부터 연락이 왔다. 우리 학교에 확진자가 있냐고 다짜고짜 물어보셨다. 그 학교의 학생 열댓 명이 우리 학교 확진자 학생과 접촉해서 학교에 못 간다고 결석을 했다는 것이다. 내가 알고 있는 선에서 우리 학교에는 확진자가 없었던지라 상황은 오리무중이었다.

오후 3시가 지나서야 해당 학생의 담임 선생님에게 연락이 왔다. 자가 격리 중인 학생이 인후통이 있어서 자가 진단 키트로 검사를 해 보았는데 양성이 나왔다는 것이다. 그 사실을 자가 격리 중에 몰래 만난 다른 학교 친구들에게 말한 것이 화근이었다. 얼른 병원에 가서 다시 코로나 PCR 검사를 하도록 안내하고 검사 결과를 조마조마하게 기다렸다. 밤 10시경 담임 선생님으로부터 한 통의 메시지를 받았다. 병원 검사 결과 음성이 나왔다는 것이다. 자가 진단 키트의 위양성이 드러나는 순간이었다. 오전 내내 다른 학교 확진자의 행방을 찾느라 고생한 보건 선생님께도 죄송하고, 너무나 허무하고 황당했던 코로나 소동이 아닐 수 없다. 아무래도 학교라는 특성상 미성숙한 아이들과 마주하다 보면 별의별 일들이 많이 생긴다.

코로나는 보건실의 풍경을 바꾸어 놓았다. 매일 전교생의 코로나 자기 진단 시스템 결과를 확인하는 일로 아침을 맞이했다. 코로나 의심 환자를 파악해서 병원으로 보냈다. 학교 환경 소독과 각 반의 방역 물품을 챙기고, 각종 감염병 관련 공문들을 처리했다. 감염병 대응 이외의 보건실 업무는 우선순위에서 뒷전으로 밀려났다. 코로나가 지배하는 현실 아래, 보건교사가 해야 할 일은 학생들이 출입하는 학교 현관 앞에서 열화상 카메라로 체온 측정하는 일, 손소독제를 채워 놓는 것처럼 눈에 보이는 것 말고도 신경 쓸 게 참 많았다.

감염병 관리는 학교 보건에서 공룡같이 몸집이 커질 대로 커진 상태이다. 코로나뿐만 아니라 계절성 독감 환자도 매해 증가하고 있다. 듣도 보도 못한 신종 감염병도 잊을만하면 찾아온다. 이제 보건교사의 일에서 감염병은 떼려야 뗄 수 없는 시대가 온 것이다.

5

학교 속 외딴섬, 보건실에서 보건교사로 산다는 것

보건교사는 아웃사이더?

학교에서 보건교사는 특정 부서에 소속되어서 일을 한다. 중·고등학교의 경우, 보통은 체육예능부나 안전생활부의 부원으로 배정받는데 학교마다 조금씩 명칭이 다르다. 부서가 있긴 하지만 보건교사는 보건실에서 혼자 근무하기 때문에 다른 선생님들께 먼저 다가가는 것이 쉽지 않은 자리이다. 점심시간 급식실에서도 부서별로 식사하는 선생님들 사이에 끼는 것이 어색하기만 하다. 누가 뭐라고 하지도 눈치를 주지도 않지만, 낙동강 오리알 같은 기분이 느껴질 때가 있다.

가끔 어떤 선생님은 내게 묻기도 한다. "보건교사는 어떻게 되는 거예요?" 똑같이 전공과 교육학으로 임용 고시를 봐서 학교에 와 있는데 황당한 질문이다. 정말 몰라서 궁금해서 묻는 것이겠지만 나도 모르게 괜한 열등감이 올라온다. 보건교사가 간호학과를 졸업한 간호사인지 모르는 경우도 간혹 있다. 학교에서 보건교사는 비교과 교사로 늘 주목받지도 인정받지도 못하는 엑스트라 같다. 병원에서 일할 때와 비교하면 존재감의 차이가 확연하게 느껴진다.

비단 선생님들과의 관계만 그런 건 아니다. 학생들과의 관계에서도 회의감이 느껴질 때가 있다. 대표적으로 스승의 날이 그렇다. 우리 사회에서 선생님에 대한 존경심이 사라진 지 오래지만, 교사에게 스승의 날은 여전히 특별하다. 스승의 날이 되면 담임 교사들은 학생들에게 각양각색의 예쁜 마음을 선물 받는다. 온 학교가 떠들썩한 것을 조용한 1층 보건실에서 홀로 느낀다. 스승의 날이라고 보건교사까지 챙기는 학생은 드물다. 매년 겪는 일이지만 쉽게 익숙해지지 않는 연례행사이다.

보건실에서 학생들과 상처와 아픔, 기쁨을 나누며 친밀감(Rapport)을 쌓을 때면 한없이 가까움을 느낀다. 그러다가도 나도 모르게 현실을 깨닫고 자기방어를 하게 된다. 엄마인 듯 엄마 아닌 엄마 같은 '나는 학교 이모다'라면서 말이다. 가끔은 엄마보다 내 편을 들어 주는 이모가 더 편하기도 하니까 괜찮다.

그런데도 보건교사라서 아웃사이더가 될 이유도 필요도 없다. 좋은 관계를 만들어 가는 것은 결국 나의 몫이기 때문이다. 영화 〈인턴〉에서 성공한 30대 여성 CEO 줄스가 눈엣가시 같았던 70대 노인 인턴 벤에게 마음을 열게 되는 결정적인 이유는 벤의 세심한 관찰력 때문이었다. 인간 관계는 상대방에 관한 관심과 관찰에서 시작한다. 학교에서도 관심과 관찰력을 조금 발휘하니 관계가 훨씬 편해졌다.

내가 할 수 있는 쉬운 것부터 시작했다. 보건실에 아파서 오시는 선생님이 계시면 1가지만 물어도 농담 보태 10가지를 폭풍 설명해 주었다. 나중에 만나면 아픈 건 좀 어떠시냐고 후속 관리를 해 주었다. 또 보건실로 오시는 선생님들께 성함을 꼭 여쭤보았다. 이름도 모를 수 있냐고 생각할 수도 있지만 보건실에만 있다 보면 100명 가까이 되는 교직원들의 얼굴과 이름이 다 맞춰지지 않고 한 해를 보내는 경우도 생긴다. 엄밀히 말하면 이름은 아는데 얼굴을 모르는 게 더 맞는 말이다. 선생님들과 1:1 만남의 접점을 만들지 않으면 학교 조직도의 낯익은 이름으로만 남을 수도 있다. 그런데 내가 경험해 보니 성함을 물으면 대부분은 흔쾌히 알려주며 할 이야기도 더 많이 생겼다. 학생에 관한 거든 업무에 관한 거든 말이다. 그리고 나면 교내에서 오가며 마주쳤을 때 대화를 나누는 게 훨씬 나아졌다. 선생님들과 사이좋게 잘 지내니 교직 생활이 절로 즐거워졌다.

보건실의 골칫덩어리, 경계 업무

학교에서 보건교사는 슈퍼우먼이다. 요즘엔 슈퍼맨도 많아지긴 했다. 보건실 업무는 크게 5가지 항목으로 구분할 수 있다. 보건실 운영, 학생 건강검사, 응급 및 요양호 학생 관리, 감염병 예방 및 위기 대응, 보건 교육이다. 법적으로 반드시 해야 할 연간 필수 업무라고 할 수 있다. 세부적인 내용을 따지자면 할 일은 무수히 많고, 기간으로 따지자면 1년짜리 농사와 같은 일들이다. 보건교사는 누구나 알 법한 보건실의 고유 업무만 하는 것이 아니다.

모르는 사람이 대충 보면 보건교사는 보건실에 아파서 오는 학생들 약 주고 밴드 붙여 주는 일만 하는 것처럼 보일 수 있다. 그도 이해가 되는 건 나도 학창 시절 보건교사를 생각하면, 프리한 모습이 생각이 나니까. 그러나 수박의 겉만 보는 것이다. 실상은 '보건교사가 그런 것도 한다고?' 싶은 업무들도 보건교사의 책상 위에 쌓여 있다. 하루 종일 컴퓨터 앞에 앉아 각종 자료집계, 공문 처리 등 행정 업무의 늪에서 헤어 나오지 못할 때도 많다.

교사들은 매년 2학기가 끝나면 새로운 학년도를 준비하느라 분주해진다. 수업 준비도 하고 새로운 교육법을 배우러 연수를 다니기도 한다. 부장 교사들은 학교에서 굉장히 예민한 사항을 처리하는 회의를 하는데, 바로 업무 조정 회의이다. 어느 부서에서 어떤 업무를 처리할지에 대해 결정하는 것이다. 이때 공식적으로 업무 담당자를 변경할 수 있다. 이 시기에 보건교사가 예민한 이유는 보건실에서 하는 업무 중에는 '경계 업무'가 참 많기 때문이다.

나는 똑떨어지게 어디에 속한다고 할 수 없는 애매모호한 업무를 '경계 업무'라고 부른다. 예를 들면, 교직원 심폐 소생술은 교직원 연수를 담당하는 교육연구부에서, 우울증이나 학교폭력 학생을 선별하는 학생 정서행동특성검사는 상담실에서, 미세먼지 관련 일은 학생안전부에서, 정수기 관리나 학교 소독 등 학교 환경위생 관련 일은 행정실에서도 할 수 있는 일이다. 그렇지만 언급한 것 대부분이 보건교사가 하는 경우가 허다하다. 업무 조정 좀 해 달라고 아무리 외쳐보지만 매년 담당 업무가 달라지는 교사들이 혼자 일하는 보건교사의 업무량을 제대로 알기는 만무하다.

그래서 보건교사들은 2학기 말 업무 조정 회의에 앞서 다른 학교의 해당 업무 담당자는 누구인지 파악하는 조사를 하여 사전 자료를 만드는 경우가 종종 있다. 그렇게라도 해서 근거라도 내밀어 봐야 보건교사의 말에 힘이 실린다. 보건실 고유 업무 외에 보건교사가 해야 하는 업무는 지역별로, 학교별로 천차만별이고 관리자의 마인드에 따라 결판이 나는 경우가 많다. 왜냐하면 업무 조정은 학교장 재량이기 때문이다. 그렇게 완성된 업무 분장표에 보건 옆에는 '보건 총괄(성 고충 상담원), 성교육, 심폐 소생술'이라고 쓰여 있다. 아등바등하는 것에 비하면 참 단순하다.

보건교사회 차원에서도 교육청을 상대로 부당한 업무를 조정하기 위한 노력을 꾸준히 하고 있고, 보건교사들은 학교에서 알게 모르게 각개 전투하고 있다. 어떤 해는 미세먼지가 심해져서 미세먼지 폭탄이 떨어지고, 어떤 해는 감염병이 창궐해서 감염병 폭탄이 떨어진다. 매년 보건 업무는 줄어들지 않고 늘어나기만 한다. 하지만 각자의 자리에서 맡은 바에 최선을 다하는 보건 선생님들이 계시기에 언젠가 좋은 날이 오지 않을까?

사명감이 필요해

2015년 경기 중등 보건 발령 동기는 총 36명이었다. 우리는 좋은 정보도 교환하고 업무 도움도 받으려고 SNS 단체채팅방을 만들었다. 오가는 대화들을 보고 있으면 서로서로 정말 다른 업무를 하고 있다는 것을 알 수 있었다. 내가 첫 발령 받은 지역은 그나마 업무분장이 깔끔한 편이었다. 지역에 따라서 정화조 청소까지 담당하는 보건 선생님도 계셨다. "이러려고 힘들게 공부해서 보건교사가 됐냐?"는 하소연을 듣고 있자니 이심전심인지라 가슴이 답답해 미치고 팔짝 뛸 심정이었다.

　드라마 〈기상청 사람들〉을 보다가, 신규 보건교사 시절 동기들과 함께 겪었던 고충을 조금은 현실 직시하게 해 주는 장면을 만났다. 날씨에 관한 사무를 책임지는 국가기관인 기상청에서 공무원들이 하는 일을 다양하게 보여 주는 드라마였다. 사람들은 '구라청'이라며 기상청이 날씨 하나 제대로 못 맞힌다고 오명을 씌우지만, 드라마를 보며 날씨를 예측하는 게 결코 쉬운 일이 아니며 많은 사람이 고생하고 있단 걸 알 수 있었다. 기상청에 근무하는 총괄2팀의 막내 공무원인 수진이 날씨를 제대로 맞히지 못했다고 항의하는 민원 전화를 끊으며 이러려고 공무원 된 거 아니라며 넋두리한다. 그러자 선배 예보관은 말한다. "맞아, 너 그거 하려고 여기 있는 거야. 공무원은 책임과 사명감으로 일하는 거고 그걸로 국민의 세금 받는 거야." 수진에게 한 말이지 나에게 한 소리가 아니었는데 괜히 내 가슴에 와서 박혔다.

　학교에서 보건교사로 살다 보면 '이런 거까지 해야 하나.' 싶은 순간이 많다. 10년이 지나도 익숙해지지 않고 매번 부당하고 억울하다. 그 순간에 힘들게 공부해서 신규 교사 임용장을 받을 때 했던 공무원 선서를 떠올려 보는 것도 정신 건강에 나쁘지 않은 것 같다. 공무원 선서는 간호사가 되기 전 나이팅게일 선서를 하듯이 교사로 임명되기 전에 하는 선서이다. 요점은 법령을 준수하고 국민에 대한 봉사자로 산다는 내용이다. 현실은 쉽게 바뀌지 않으니 내 마인드를 바꿔보면 어떨까. 학교 일은 기한 내에 누가 하든 누군가는 해야 할 일들이다. 조화롭게 헤쳐 나가는 게 현명하다. 무슨 일이든 할 수 있을 것처럼 사기와 사명감으로 똘똘 뭉쳐 있던 처음 그 순간을 기억하면서 말이다. 그러면 돌고 돌아 결국은 내게 올 거 꾸역꾸역하는 것보다는 속 편하다.

6

나의 소명, 간호의 새싹을 배양하는
보건 동아리 힐빙Heal-Being

보건교사의 소명 의식

교육학의 한 분야로 '교육 철학'이 있다. 교육 철학은 교육 현상을 바라보는 관점에 대한 학문이다. 거시적으로 보면 객관주의다 구성주의다 어렵게 보이지만 미시적으로 보면 교사 개개인도 교육 철학을 가지고 있다. 쉽게 말하면 교사도 자신만의 교직관을 가진다. 교사로서 교직의 본질을 어떻게 바라보는지, 어떤 교사가 되고 싶은지에 대한 교사상을 말한다. 교직관은 교사가 교직에 임하는 태도나 교육 활동에 직접적인 영향을 주곤 한다. 임용 고시 2차 심층 면접을 준비할 때 '나는 교사가 되면 어떤 교직관을 가지고 교육에 임할까?'에 대해 처음 생각해 보았던 기억이 난다.

일반적으로 교직관은 크게 '성직관(소명 의식관)', '노동직관', '전문직관' 3가지로 나눌 수 있다. 성직관은 교직을 특별한 소명 의식을 가진 성스러운 직업으로 보는 것이다. 사회가 요구하는 교직관이기도 하고 교사도 늘 염두 해야 할 윤리이다. 노동직관은 교직을 다른 직업과 같이 생계 유지를 위한 노동으로 보는 것이다. 해가 갈수록 교육 현장이 삭막해져서 노동직관을 가지고 교직에 임하는 교사도 적지 않아지는 게 서글픈 현실이다. 전문직관은 교직을 고도의 전문적·이타적 활동으로 보는 것이다. 학생과 학부모들의 다양한 요구에 발맞추기 위해서 교사의 전문성은 중요한 직업적 과제이기도 하다. 세 가지 교직관은 혼재되어 나타나고, 뭐가 좋고 나쁘다고는 할 수는 없다. 하지만 교사의 교직관에 대한 국내의 많은 연구 결과에서 소명 의식이 높은 교사가 직업적 만족도가 높고 삶을 더 의미 있게 느낀다고 보고하고 있다. 행복한 교사로 살아가기 위해서 나의 소명 의식은 어떤지를 생각해 볼 가치가 충분하다.

소명 의식은 직업적으로 주어진 특정한 역할을 어떤 목적이나 의미로 접근하느냐에 대한 것이다. 소명과 관련된 유명한 일화가 있다. 미국의 케네디 대통령이 미국 항공 우주국(NASA)을 방문하던 중 만났던 한 직원의 이야기이다. 무슨 일을 하냐고 묻는 대통령의 질문에 그는 "인류를 달에 보내는 일을 돕고 있습니다!"라고 대답한다. 천체 물리학자나 엔지니어일 거란 모두의 예상과 달리 그의 직업은 환경미화원이었다.

이 일화를 듣고 신랑이 예전에 했던 말이 떠올랐다. 그는 내게 "나는 사람들의 건강을 지키는 일을 하고 있어."라고 말했다. 간호사나 의사도 아닌 혈관 조영 장비 엔지니어가 그런 말을 하니 이해가 되지 않았다. 그래서 "여보가 무슨~" 하고 코웃음을 쳤다. 그런 날 보고 그는 진지하게 말했다. 혈관 조영 시술을 하다가 장비에 문제가 생기면 시술받는 환자에게도 큰 영향을 주게 된다. 그러니까 사람들의 건강을 지키는 일을 하는 게 맞지 않느냐는 것이다.

순간 머릿속에 경종이 울렸다. 첫째로 그가 가졌던 자신의 직무에 대한 소명 의식과 책임감을 무시하고 있었던 것이 미안했다. 둘째로 병원에서 간호사로 일할 때 혹시라도 다른 보건 의료직의 사람들에게 우월감을 가시고 있었던 건 아닐까 하는 죄책감이 들었다. 사람들 저마다 본연의 포지션에서 최선을 다하기에 세상이 일사불란하게 돌아가는 것이다. 또한 소임에 대한 도덕적인 의식이 제대로 된 사람들이 있기에 세상이 좀 더 따뜻해지는 것 같다.

만약 나에게 무슨 일을 하는지 묻는다면 '사람들이 꿈을 가꾸는 걸 돕고 있다.' 말하고 싶다. 보건 교육과 진로 교육을 통해 건강하게 나를 사랑하는 방법을 알려 주고 싶다. 또 꿈을 가꾸며 사는 세상은 살 만하다는 것을 알려 주는 교사가 되고 싶다. 백범 김구 선생은 〈나로부터의 시작〉

에서 '돈을 넘어 일하면 소명이고, 소명으로 일하면 선물을 받는다.' 했다. 직무를 넘어서는 일의 의미와 행복을 강조한 것이다. 받는 만큼만 일한다는 마인드를 가진 사람이나 하는 일에 비해 부족한 보수를 받는다고 불평하는 사람은 어디에나 있다. 반면 일에서 삶의 즐거움을 찾는 사람도 있다. 직업이든 소명이든 내가 결정하는 것이다. 소명 의식을 가진 사람은 좋은 일을 한다. 좋은 일을 하는 사람들이 많아지는 교직 사회가 되길 바라본다.

보건 동아리 힐빙과 헬퍼스 하이

보건교사가 된 후부터 간호 후학 양성에 관심이 많기도 했고, 보건 동아리 '힐빙(Heal-Bing)'도 운영해 왔다. 내가 교육적으로 추구하는 힐빙은 힐링(Healing)과 웰빙(Well-Being)의 합성어로, 몸과 마음, 관계를 치유하여 건강하게 사는 삶을 의미한다. 힐빙은 내가 운영하는 보건실의 모토이기도 하다. 보건 교육과 진로 교육을 통해 힐빙의 가치를 전하고 싶은 마음을 담았다.

보건 동아리 지원서의 지원 동기를 읽다 보면 간호사가 되고 싶어서 보건 동아리에 들어오고 싶다는 학생들이 많다. 처음 교직에 왔던 10년 전과 비교해도 매년 간호사를 하고 싶어 하는 학생들이 늘고 있는 게 체

감될 정도이다. 요즘엔 간호사를 희망하는 남학생도 많다. 신기한 건 보건 동아리에 오는 학생들 대다수가 이미 중학교 때부터 간호사를 꿈꿔왔단 것이다. 노인 봉사나 의료 봉사를 다니고 보건 의료 관련 수업을 듣는 등 진로 소양을 준비한 경우가 많았다.

고등학교 보건교사가 된 후, 간호사를 꿈꾸는 간호의 새싹들을 배양하는 일은 내게 소명같이 느껴졌다. 그만큼 내가 간호를 사랑하고 간호사란 것을 자랑스럽게 생각하기 때문이기도 하고, 임상을 떠나있긴 하지만 간호의 끈을 놓고 싶지 않은 바람 때문이기도 했다. 보건교사에게 보건 동아리 지도는 가뜩이나 할 일도 많은데 거추장스럽기도 하고, 해도 그만 안 해도 그만인 일이지만 하게 되는 나만의 이유이다.

한 번은 보건 동아리 활동에 불만을 표현하는 학생이 있었다. 보건 동아리의 3학년 학생은 내게 '동아리 과제 준비 시간이 많이 소요돼서 공부할 시간이 부족하니 줄여달라는 것'이었다. 하필 그때 교장 선생님께서 보건실에 깜짝 방문을 오신 때였다. 교장 선생님의 방문은 1년에 한번 있을까 말까 한 일인데 가는 날이 장날이다. 난감한 그 순간, 교장 선생님께서 먼저 말씀하셨다. "동아리 활동은 학교 공부와 함께해야 하는 거야. 또 우리 학교 경우의 수능이나 교과 전형으로 대학에 가는 경우 못지않게 학생부 종합 전형으로 가는 학생이 많단다. 그만큼 평소 동아리 활동도 똑같이 다 중요한 거지." 천군만마를 얻은 기분이 들었다. 학생이 나간 후, 교장 선생님께서는 말씀을 이어 가셨다. 보건의료와 관련된 진로를 탐색하고 경험할 다양한 기회를 학생들에게 주려고 하는 보건 선생님이 있다는 것도 감사하게 생각해야 한다고 학생에게 말해 주고 싶었다고 하셨다. 학교 속 사각지대까지 챙기는 흔히 보기 힘든 친절한 관리자시다.

동아리 지도는 누가 알아주길 바라고 하는 일은 아니었다. 그저 발령 후 고등학교에만 쭉 있다 보니 필요성을 몸소 느꼈다. 간호대학에 가고 싶은데 현실이 힘들다고 엉엉 우는 학생들, 간호사를 포기하고 치위생과나 물리치료학과로 진로를 바꾼다는 학생들, 생활 기록부에 몇 줄이라도 적고 싶어 보건 동아리를 운영해 달라고 오는 학생들을 겪으면서 말이다. 그저 학생들의 꿈길에 손톱만큼이라도 도움이 될까 싶어서였다. 나의 과한 열정에 학생들이 조금 힘들고 부담스러울지도 모른다. 단지 눈앞의 진학뿐만 아니라 인생의 진로를 위해 지금의 경험이 큰 도움이 될 거란 걸 믿었으면 좋겠다. 또 포기하지 않고 같이 간호사의 꿈을 잘 가꾸어 나가 줬으면 좋겠다.

동아리 학생들이 간호대학 진학 소식과 병원 입사 소식을 전할 때면 희열을 느낀다. 헬퍼스 하이(Helper·High)라는 말이 있다. 남을 도울 때 기분이 좋아지는 것을 말한다. 보건 동아리 진로 지도는 내게 헬퍼스 하이를 경험하게 한다. 학생들의 꿈이 어느샌가 내 꿈이 되어간다. 꿈꾸는 학생들을 통해 내 꿈도 함께 성장한다.

선생님, 진로 교육 연구 대회는 어떻게 하는 거예요?

1정 연수를 받으며 많은 강의 중 무엇보다 내 관심을 끈 것이 있었다. 바로 보건의료계열 진로 교육이다. 보건의료계열 진로 동아리 활동은 꾸준히 지도해 왔던지라, 한 보건 선생님의 진로 교육 연구 대회 사례 발표에 매료됐다. 보건교사도 현장 연구 대회를 할 수 있다는 것이 신기했다. 2011년과 2012년 꽤 오래전에 하신 연구였고, 학생들을 위해 다양한 진로 체험 프로그램을 기획하고 진행하신 것이 존경스럽고 대단해 보였다.

그해 여름이 끝날 즈음 1정 연수도 막을 내렸고 2학기 학교로 돌아왔다. 그러곤 바로 그 선생님께 통합 메신저로 쪽지를 보내 여쭤보았다. '선생님, 진로 연구 대회는 어떻게 하는 거예요?' 선생님께선 방법을 친절히 알려 주셨다. 내년에 만약 정규 보건 동아리를 할 기회가 된다면 체계적인 프로그램을 짜고 도전해 보아야지 마음속으로 다짐했다. 목표가 생기니 머릿속에 새로운 노선이 하나 생겼다. 보건 동아리에서 할 활동 아이디어들이 떠오를 때마다 메모해 놓고선 다시 보고 다듬고 구체화하는 과정을 자연스럽게 하고 있었다. 밑그림에 살을 하나씩 붙여 가며 한 학기 동안 사부작사부작 출전 준비를 했다.

다음 해 새로 전근 간 학교에서는 보건 동아리가 운영되고 있었고 자연스럽게 지도 교사가 되었다. 3월 개학하고 바로 업무포탈의 문서 등록대장을 뒤졌고, '진로 교육 실천 사례 연구발표대회' 공문을 발견했다. 가슴이 두근거렸다. 아이디어 노트와 머리를 쥐어 짜내 4월 연구 계획서를 제출했다. 그리고 차근차근 계획대로 동아리 활동을 추진해 나갔다. 진로 연구 대회를 핑계로라도 학생들에게 동아리 활동을 의미 있게 만들어 주려고 애쓰게 됐다. 또 동아리를 하며 학생들과 소통하는 과정 그 자체가 즐거웠다. 교육과정 내 동아리 시수로는 시간이 턱없이 부족해서 동아리 시간이 아닐 때도 틈틈이 운영했다. 동아리 학생들이 나를 믿고 즐겁게 참여해 주어 가능했다.

2학기 개학을 했고, 9월 최종 보고서 제출 기한이 다가왔다. 허접하고 부족해 보이기만 하는 결과를 내야 하나 말아야 하나 고민이 됐다. 연구 대회를 준비하던 중 첫 아이를 임신했고 곧 출산 휴가를 들어갈 시점이었다. 휴직하면 일에 대한 목마름도 있을 것 같아서 마지막 스퍼트를 내보기로 했다. 계획서대로 진행해 온 활동 결과물들도 그냥 방치하기 아쉽기도 했다. 그렇게 연구 대회 최종 보고서가 완성됐다. 종착지까지 완주 한 것만으로도 후련했다. 논문을 써 본 경험은 교육 현장 연구를 하는 데 큰 도움이 되었다. 3등급이지만 입상의 영광도 맛보았다. 나중에 보니 우리 지역청에서 경기도 대회에 출품하려고 개인분과 연구 계획서를 제출한 7명 중 최종 보고서를 낸 사람은 나 한 사람뿐이었다. 교육 현장 연구대회의 경우 1년 동안 긴 호흡으로 진행되기에 중도 하차하시는 선생님들도 많았다. 나는 운이 좋았다.

그해 11월, 학기 중 출산 휴가를 들어가게 되었다. 인수인계를 앞두고 업무를 정리하던 어느 날이었다. 동아리 회장, 부회장 학생을 선두로 동아리 학생들이 케이크에 촛불을 켜 들고 노래를 부르며 보건실로 우르르 들어왔다. 순간 심장이 멎는 기분이 들었다. 생각지도 못한 학생들의 깜짝 송별 이벤트에 나는 눈물을 펑펑 쏟았다. 부장 학생이 직접 고른 '모정'이란 꽃말을 가진 꽃다발과 동아리 학생들의 마음이 고이 담긴 롤링 페이퍼를 보니 감격스러웠다. 동아리를 끝까지 마무리 짓지 못하고 떠나는 게 내심 미안한데, 학생들은 잊지 못한 추억을 내게 안겨 주었다. 1년간 함께 동아리 활동을 하며 알게 모르게 정도 많이 들었던 모양이다. 학생들의 소중한 마음을 느끼기에 충분했다. 늘 학생들은 내가 준 관심보다 훨씬 더 큰 깨달음으로 돌려준다.

동아리에서 간호사를 꿈꾸는 학생들과 만나는 게 즐겁다. 내가 살아온

이야기에 귀 기울이는 학생들의 초롱초롱한 눈빛을 보며, 처음으로 나의 간호 세계를 글로 담고 싶다고 생각했다. 보건 동아리가 아니었다면 결코 하지 못할 경험을 많이 했다. 모든 게 꿈을 가꾸는 학생들 덕분이다.

7

보건 수업, 아직도 가야 할 길

나도 교실에서 학생들을 만나고 싶다

나는 참 행운아다. 하필 첫 발령지에 타의 모범이 되는 선배님들이 많으셨다. 특히 보건교육에 열정적이셨다. 감사하게도 첫해부터 3명의 보건교사 발령 동기들과 함께 선배들을 따라 지역 중등 보건 교육 연구회에서 활동하게 되었다. 새내기 보건교사인 우리는 선배들이 차려놓은 밥상에 숟가락만 얹을 때가 많았다. 당시 핫했던 하브루타 토론이나 비주얼 싱킹 같은 교수학습법부터 미디어 리터러시 성교육, 중독 예방 교육 같은 교육과정까지 유수의 강사를 섭외하여 교육의 장을 열어 주셨다. 신규일 땐 잘 몰랐는데, 지역 보건 교육 연구회의 중요한 역할이 보건교사의 보건 수업 능력을 높여 주고 함께 공동수업지도안을 만드는 것이었다. 텅 빈 강정 같았던 내 속이 연구회 활동 덕분에 시나브로 채워지고 있었다.

학교 일과가 끝나고 오후 5시면 수시로 연구회 활동을 하러 갔다. 선배, 동료 보건 선생님들과 만나 함께 강의를 듣고 토의하고 생산물을 만들어 내는 것이 좋아서 출장의 피곤함도 잊었다. 처음 배우는 생소한 교육 방법들은 나를 홀려 놓았다. 찐 재미를 느꼈고 배우면 배울수록 보건 수업을 향한 열망은 커졌다. 일반계 고등학교에서 보건 수업을 할 기회는 적었지만, 보건 수업을 하고 싶어졌다. 내가 배운 것들을 보건 교과에 녹여 넣고 학생들과 교실에서 만나고 싶었다.

당장은 수업에 들어가는 것이 여건상 어려웠기에 학교에서 이벤트성으로 진행되는 수업 기회가 있다면 마다하지 않았다. 교육과정 부장님께도 보건 교육의 필요성과 준비된 교사의 열정을 수시로 어필했다. 그렇게 하여 2018년 첫 보건 교과 수업을 시작했다. 시대적 요구 덕분이었을까? 2022 개정 교육과정에서 고교학점제가 대두되면서 보건 선택교과는 이제 고등학교 보건교사라면 피할 수 없는 선택지가 되었다. 수업도 잘하는 보건교사가 필요한 시대가 도래한 것이다.

보건교사회에서 보건 교육 인식 개선 프로젝트로 역대 보건교사회장님들의 목소리를 담은 적이 있다. 보건교사가 수업하지 않는 교사라는 오명을 벗고 보건 수업을 하기까지 40년이란 긴 세월이 걸렸다는 말에 숙연해졌다. 보건 수업은 수많은 선배 보건교사의 피·땀·눈물을 갈아 넣어 만들어 낸 성과였다. '그때 우리는 모두 갈망했다.'라는 문구를 보며 느꼈다. 예전이나 지금이나 척박한 환경에서도 보건교사들은 학생과 국민의 건강을 옹호하는 보건 수업을 한마음으로 원하고 있다는 것을 말이다.

사막을 뚜벅뚜벅 걷는 낙타처럼

딱 서른이 되던 해 교사가 되었다. 나에게 두 번째 골든 티켓이 주어진 때였다. 나의 첫 번째 골든 티켓은 스무 살이 되던 해 간호학에 뛰어든 것이다. 고등학교 시절 다이어리에 진로 진학 계획을 끄적여 놓았었는데, 자의든 타의든 교사였다. 초등교사나 영어 교사 정도면 감지덕지하다 싶었다. 2000년대 초반 불경기가 지속되고 있었기에 안정적인 직업이 대세였고, 공부 좀 하는 여고생이라면 교대에 가던 시절이었다. 어쩌다 보니 돌고 돌아서 결국엔 학교에 와 있다. 한 치 앞도 알 수 없는 게 인생이라더니 날 두고 하는 소리 같다.

나처럼 임상 간호사로 일하다가 보건교사로 이직하는 경우는 심심찮다. 몇 년 전, 임용 고시에 합격한 지 2년 차가 되던 병원 동기 보건 선생님이 통화가 가능하냐고 물어왔다. 이듬해에 시행될 고교학점제 공동 교육과정 강사로 지원하려고 하는데 강의 계획서를 검토해 달라는 요청이었다. 신규임에도 연구회 활동이나 대외 활동을 적극적으로 하는 선생님의 모습을 보며, 신규 보건교사 시절 내 모습이 떠올랐다.

선생님은 새로운 도전에 흥분돼 보였다. 그러면서 그간의 고민을 내게 털어놓았다. "선생님, 난 요즘 정체성의 혼란을 많이 느껴요." 병원에선 책임 간호사로 나름 끗발 세게 일했는데 학교에선 그저 손소독제나 채워주는 사람으로 전락했다는 것이다. 또 힘들게 임용 고시 보고 학교에 왔는데 수업을 안 하니 도태되는 기분이 든다고 했다. 그래서 공동 교육과정 보건 교과 수업을 하려고 한다는 것이다. 선생님의 허무함에 공감했다. 나도 비슷한 고충을 겪었던 새내기 보건교사 시절이 오버랩 됐다. 선생님의 하소연에 짧은 내 의견을 전했다. 수업이 없고 학교에서 보잘것없는 존재처럼 느껴진다 해도, 있는 그 자리에서 꾸준히 기회가 생길 때마다 배우고 도전하고 경험하다 보면 그게 다 내 피가 되고 살이 될 거라고 말이다. 또 이렇게 열심히 노력하는 선생님 같은 분이 있다는 것이 자랑스럽다고 응원해 주었다.

실천적 메시지를 전했던 사상가 니체는 『즐거운 학문』에서 말했다. "하늘에 닿을 듯이 키가 큰 나무들에게 거친 바람과 악천후가 없었다면 그런 성장이 가능했을까? 인생에는 거친 폭우와 강렬한 햇살, 태풍과 천둥 같은 온갖 악과 독이 존재한다. 이러한 악과 독이 존재하기에 우리는 그것들을 극복할 기회와 힘을 얻고, 용기를 내어 세상을 살아갈 수 있을

만큼 강하게 단련되는 것이다." 때로는 철저한 시련과 고민이 우리를 성장하게 한다. 이 시대의 대문호 사이토 다카시는 『곁에 두고 읽는 니체』에서 주어진 임무를 묵묵히 감당하며 낙타처럼 사막을 뚜벅뚜벅 걸어 나가는 것이 중요하다고 설파했다. 언젠가 나의 시대가 올 것을 기다리며 꿋꿋이 나아가면 그만이다. 내 안에서 촉발된 열정은 보건교사로의 삶을 윤택하게 하고 지탱해 주는 에너지가 된다.

　학교 보건 교육 현장에는 여전히 숙제들이 많이 남아 있다. 수업 중 보건실의 보건교사 부재 상황, 보건 교과를 터부시하고 뒷전으로 여기는 타 교과의 인식, 허울뿐인 형식적인 17차시 보건 수업 운영 등이다. 그래서 보건교사들 사이에서도 보건 수업은 뜨거운 감자이다. 보건교사가 보건 수업을 할 수 없게 만드는 숙제들이 해결되어야 수업에 부담을 느끼고 망설이는 보건교사들도 줄어들 것이다. 보건교사에 수업을 강제할 수 없으나 그런데도 보건 수업이라는 카드를 놓을 수 없는 이유는 분명하다. 시대가 원하고 있고, 우리는 누가 뭐래도 가르치는 사람인 교사이기 때문이다.

나만의 에듀버스를 만들어 가다

　교사가 되고서 나에겐 이상한 버릇이 하나 생겼다. 배우고 싶은 것이 하나 생기면 못 참는 것이다. 배고픔을 해소하려고 참 부지런히 쫓아다녔다. 에듀테크나 교수 기법부터 교육 내용까지 관심이 생기면 파주, 원주, 경주, 평택 등 전국 어디든 무작정 찾아갔다. 보건교사라고 자기소개를 하면 타 교과 선생님들은 한결같은 눈빛을 보냈다. '보건교사가 왜 왔지?'라는 말은 차마 입 밖에 내지 못하고 신기해했다. 그러든가 말든가 다른 분야의 사람들과 어우러져 배우고 있으면 엄청난 창의성이 발동했다. '오! 이걸 보건 수업에 이렇게 써 보면 좋을 것 같아.'라는 인사이트가 마구 떠올랐다. 그 맛에 배우는 데 중독되었던 것 같다. 이래서 혹자는 '교사는 가장 열심히 배우는 사람'이라고 했나 보다.

교사는 끊임없이 배우고 수업에 적용해서 교육과정을 재구성할 수 있어야 한다. 그러다 보면 자연스럽게 나만의 에듀버스(Edu-Verse)가 만들어진다. 내가 말하는 에듀버스는 교육(Education)과 경험 세계(Universe)의 줄임말로 나만의 교육 세계를 말한다. 교사만의 색깔로 교육 철학과 방법론을 교육과정에 융합하여 수업 혁신을 만들어 가는 것을 말한다. 교사라면 자신만의 에듀버스를 가지고 있어야 한다. 배우고 적용하고 나눌수록 에듀버스는 더 크고 넓어진다.

코로나가 오기 전인 2017년 연세대학교에서 개최된 미래 교육 세미나에서 플립러닝이 부상하면서 대학 캠퍼스가 사라진다는 말을 들은 적이 있다. 플립러닝(Flipped Learning)은 흔히 거꾸로 학습, 블렌디드 (Blended) 러닝이라고도 한다. 수업 시간 전에 교수자가 제공한 온라인 영상 등의 각종 자료를 학생이 미리 학습하고, 오프라인 강의실에서는 과제 풀이나 토론 등이 이루어지는 수업을 말한다. 코로나로 미래를 준비하는 시기가 앞당겨지긴 했지만, 그때까지만 해도 플립러닝은 굉장히 생소하고 모험적인 방식이었다.

이 세미나에 참석하게 된 결정적인 이유는 오래전부터 플립러닝에 관심을 가져왔기 때문이었다. 나는 이 흥미로운 교수법을 변형해서 보건 동아리 활동에 활용해 왔다. 미리 관련 영상이나 과제를 제공하고 보고서를 작성하게 한 후 오프라인으로 만나서 모둠 활동을 하는 식이다. 플립러닝과 교육 방법론에 관심을 가지게 된 것은 대학원 2학기 때 교육학 과목으로 수강한 스마트러닝 덕분이었다. 스마트러닝을 배우며 중요한 사실을 알게 되었다. 새로운 교육 기법을 적용하는 것은 학습자 관점에서 자발적인 배움이 일어나게 돕는 매우 중요한 장치라는 것이다. 더 배우고 싶어서 지역 스마트 플립러닝연구회에 들어가 연구위원으로도 활동하게 되었다. 지적 호기심은 나를 움직이게 했고 경험의 점들이 모이고 모여 나를 닮은 에듀버스가 만들어지고 있었다.

8

교사의 삶, 보건 수업에 녹아든
내러티브Narrative

교사만의 내러티브, 그리고 인생 테마

간호대학에서 교직 이수를 하면 졸업할 때 졸업장과 함께 보건교사 2급 자격증을 받는다. 이 자격증이 있어야 학교에서 보건교사로 채용될 수 있는 기본 자격을 갖추는 것이다. 보건교사로 채용되어 현직에서 3년 이상의 교육 경력(임용 전 기간제 교육 경력 포함)이 채워지면 보건교사 1급 자격 연수(1정 연수)를 받게 된다. 보통 연수생들은 기숙사에서 단체생활하며 방학 한 달을 통째로 반납하면서 강의를 듣는다. 나는 2018년 여름에 1정 연수를 받았다. 날도 덥고 평가에 대한 압박감으로 몸과 마음이 힘들었지만, 동기들과 오랜만에 만나서 함께 공부하는 건 즐거웠다. 짧은 기간 동안 교육적 시야를 넓혀 주는 굉장히 다양하고 전문적인 내용들이 쏟아졌다.

그때 강사로 오신 한 선배 보건 선생님의 조언이 기억에 남는다. '교사는 자신만의 내러티브가 있어야 해요. 그리고 보건 교육을 하는 주제 중에서도 인생 테마를 가지는 게 중요해요.' 학습자로서 아무리 많은 걸 듣고 배워도 오랫동안 뇌리에 남는 건 많지 않다. 그 와중에 내가 기억한다는 건 그만큼 내 가슴에 와닿았다는 뜻일 거다. 내러티브(Narrative, 서사를 가지는 이야기)라는 표현이 너무나 인상적으로 느껴졌다. 선배의 말처럼 교육은 삶과 결코 분리될 수 없는 것 같다. 교사의 삶은 수업을 디자인하는데 원재료가 된다. 모든 수업엔 교사의 삶이 녹아나게 마련이다.

10년 전 보건교사로 첫 발령을 받고 연수를 듣다가 매료되었던 개념이 하나 있었다. 바로 '리터러시(Literacy)'이다. 리터러시는 국어과에서 주로 다루는데, 글을 읽고 쓸 줄 아는 능력을 말한다. 조사해 보니 이미 해외의 많은 보건 교육 분야 논문에서도 헬스 리터러시라는 용어를 사용하고 있었다. 그때부터 나는 보건 수업에 '헬스 리터러시를 높이는 보건 교육'이라는 캐치프레이즈를 내걸었다. 학생들에게 건강정보 홍수 속에서 옳고 그름을 판단하고 실생활에 적용하는 힘을 키워주는 보건 교육을 지향하며 삶에 연결되는 수업을 만들려고 노력했다. 올바로 배워 곧바로 쓰는 보건 수업을 말이다.

리터러시 교육을 향한 관심의 시발점은 사랑과 책임을 기반으로 한 미디어 리터러시 성교육 연수였다. 나의 성 의식을 통째로 뒤흔드는 도끼 같은 성교육이었다. 그간의 내 삶도 미디어 속 연예인과 드라마의 연애를 보고 자란 보통의 20대 미숙한 젊은 여성과 다를 것이 하나 없었다. 우리 땐 너나 할 것 없이 박지윤이 부르는 〈성인식〉의 "난 이제 더 이상 소녀가 아니에요."를 듣고 자랐으니까 말이다. 그런 내가 학생들에게 성교육을 할 자격이 되는지 의심이 생길 정도였다. 나는 그제야 개인적인 삶 전반을 돌이켜보게 됐고, 30년 평생 사랑과 책임의 성을 모르고 살았단 게 억울할 정도의 충격을 받았다. 나처럼 몰라서 후회하지 않게, 학생들에게 꼭 알려 주어야 할 진짜 성교육이 바로 이거다 싶었다. 나는 성을 알려 주는 보건교사로서 아이들에게 안심시키는 거짓말이 아닌 불편한 진실을 알려 주는 착한 어른이 되기로 결심했다. 보건 교육 중에서도 내 인생 테마로서의 성교육이 첫 발걸음을 떼게 된 순간이었다. 내러티브를 가진 삶의 성교육을 해야 할 동기가 생긴 것이다.

하나도 몰랐던 성교육에 열정이 넘치게 된 두 가지 이유

아이러니하게도 보건교사는 될 때부터 성교육 전문가가 아니다. 간호학과에서 생식기계 해부 생리와 질병, 성 매개 감염병, 임신과 출산에 대해서 배우기는 한다. 하지만 성교육의 범위는 거기서 끝나지 않는다. 간호학에서 깊이 다루지 않는 부분인 사랑과 이성 관계, 성적 책임, 성 의식 같은 인격 교육, 성폭력, 성문화 같은 민주주의교육도 성교육에서 폭넓게 다룬다. 보건교사들이 보건 수업 중에서도 성교육을 가장 어려워하는 이유이다. 또 성교육만큼 보건교사의 성적 경험과 성 가치관, 성 감수성이 수업에 큰 영향을 미치는 수업도 없을 것이다.

내가 초임 교사 시절 하나도 몰랐던 성교육에 열정이 넘치게 된 데는 미디어 리터러시 성교육과의 만남 말고도 몇 가지 이유가 더 있다. 그중 하나는 베이비박스에서 봉사 활동을 해 본 경험이다. 2017년 성교육 연구를 하다가 우연히 한 교회에서 운영하는 베이비박스에 대한 포스팅을 보았다. 들어본 적이 있기는 하지만 내 삶과는 개연성이 전혀 없는 곳이었다. 개인적으로 무교이긴 하지만 생명 앞에 종교는 무의미한 것 같다. 하필 그 날따라 강한 끌림이 있고 무언가에 홀린 듯 백방으로 알아보았다. 그렇게 아기 돌봄 봉사라는 게 있다는 걸 알게 되었다. 당시 미혼이었고 현재의 신랑이 된 남자친구는 내게 봉사 활동을 적극 추천해 주곤 했다. 마땅한 것을 못 찾고 흘리고 있었는데, '이거다!' 싶은 생각이 들었다. 아기 돌보미팀에 소속되어 아기들과 처음 만나던 날엔 설레기도 하고 잘할 수 있을까 걱정도 됐다.

난곡동의 가파른 언덕을 한참 올라 도착하니 외진 골목으로 베이비박스가 보였다. 벽 하나를 사이에 두고 어린 생명의 운명이 한순간에 바뀐다고 생각하니 무서웠다. 누구의 탓인지, 어디서부터 잘못된 건지 한 명의 어른으로 자문하게 됐다. 첫 아이를 임신하기 전까지 1년 반 정도 베이비박스에서 아기 천사들과 만났다. 탯줄도 제대로 자르지 못한 채 긴박하게 온 아기부터 엄마가 잠깐만 맡겨 달라고 하고 돌아오지 않는 아기까지 사연이 다 기구했다. 사연이야 어떻든 아기들은 잘 웃고 잘 먹고 잘 자고 이쁘기만 했다. 베이비박스로 온 아기들은 시설로 위탁이 되거나 국내외로 입양이 되고, 운이 좋아 엄마에게 가는 경우도 있었다. 크리스마스가 되면 베이비박스엔 아기들이 늘어나곤 했는데, 5kg도 채 안 되는 아기들에게 겨울은 유난히 더 추워 보였다. 아기방 앞의 아기 현황판 위에는 '당신은 사랑받기 위해 태어난 사람'이라는 캘리그래피 액자가 있었는데 볼 때마다 마음이 아팠다. 내가 보건교사로서 할 수 있는 작은 일부터 해야 했다.

두 번째 이유는 위탁 가정의 삶을 살아 본 것이다. 신랑은 외동아들로 자랐다. 어머님께선 아들이 군대에 간 시점부터 제 손자를 품에 안으시기 전까지 꼬박 10년을 위탁모로 사셨다. 연애 시절, 신랑은 어머님 이야기를 할 때면 "엄마는 수녀 같은 분이시다. 엄마 같은 사람이 내 이상형이다."라는 말을 하곤 했다. 그런 어머님은 나와는 전혀 다른 사람이었다. 신랑을 만나고 가족들이 아기를 돌보는 걸 보며 나 또한 자연스레 봉사, 사랑, 나눔을 실천하는 삶에 대해 깨달아갔다. 항상 정성을 다하시는 어머님과 아버님이 대단하게만 느껴졌다. 시댁 식구들이 아니었다면 절대 알지 못했을 인생의 소중한 가치들을 알게 되었다. 위탁가정이라는 생소했던 걸 직접 겪고 나서야 비로소 신랑이 해 왔던 말이 온전히 이해됐다.

어찌 됐건 그런 이유로 20대였던 신랑의 집에는 늘 젖먹이 아기가 있었다. 그때를 회상하며 "아기들이 너무 이쁘고 사랑스러웠고, 보고 싶어서 집에도 빨리 가고 싶은 마음이 들었어."라며, "돌이켜보니 그때 나도 모르게 조금씩 아버지의 역할을 알게 된 것 같아." 그는 말했다. 그는 어머님께서 갓난아기를 데리고 와서 길면 2년 짧으면 1년 반이라는 시간 동안 가족이란 이름으로 어우러져 키우는 것을 지척에서 지켜보았다. 무려 5명의 아이를 시부모님은 제 배 아파 낳은 자식만큼이나 살뜰히 먹이고 입히며 애지중지 키우셨다. 그런 부모의 모습을 보며 신랑은 자연스럽게 깨달았다. 한 아이가 자라는데 얼마나 큰 사랑이 필요하고, 부모로서 때론 어떤 희생을 감내해야 하는지까지 말이다. "아버지가 되는 과정은 분명히 필요한 것 같아." 신랑은 내게 말했다. 그가 말한 아버지가 되는 과정은 성교육에서 다뤄야 할 중요한 주제였다.

직접 겪어 낸 경험은 뼈에 각인된다. 내가 그랬고, 신랑이 그랬듯이 말이다. 『논어』의 「안현편」에 보면 '애지욕기생'이라는 말이 나온다. 진실

한 사랑은 그 사람을 살게 만든다는 뜻이다. 애지욕기생하려는 마음이 진심으로 필요한 시대이다. 어린 생명이 버려지지 않게, 책임감 있는 부모가 있는 따뜻한 가정에서 아이들이 건강하게 살아갈 수 있게 하는 사랑의 성교육을 할 이유가 분명해졌다. 운명이 하나의 길로 나를 이끌고 있다는 기분이 들 때가 있다. 의도했던 건 아닌데 퍼즐이 맞춰지듯 기막히게 들어맞아서 소름이 끼친다. 내가 베이비박스를 만난 것도 위탁 가정의 며느리가 된 것도 어쩌면 내러티브 있는 성교육을 위한 장치가 아니었을까.

하면 할수록 어려운 보건 수업

초등학교는 5, 6학년을 대상으로 기본적으로 보건 수업을 하지만 중·고등학교는 학교 교육과정에 따라 보건 수업 여부가 다 다르다. 그래서 고등학교에서의 보건 수업은 복불복 게임 같고 더 어렵게 느껴진다. 1인 보건교사인 현실 아래 보건실과 보건 수업을 모두 사수하기 위해서는 큰 용기가 필요한 것도 사실이다. 보건교사의 열악한 상황 속에서도 보건 수업을 애정하는 교사의 자세는 교육의 질을 좌우한다.

수업이란 게 1시간짜리라 해도 딱 1시간만 준비할 수는 없다. 교사는 1시간 수업을 위해 끊임없이 수업의 재료를 찾는다. 수업 디자인의 끈을 놓지 않고 집요하게 잡고 있으면 절묘한 수업 아이디어가 떠오를 때가 종종 있다. 밥을 먹거나 잠을 자다가도 미디어를 보다가도 대화를 나누다가도 말이다. 평소의 일상에서 생기는 에피소드나 의외의 화젯거리도 좋은 수업 재료가 될 때가 많다. 특히 보건 교과의 경우, 일상생활과 밀접히 관련된 실용 지식을 배우는 과목이기에 더욱더 그렇다. 그래서 교사는 늘 리씽크하는 습관을 지녀야 한다. 리씽크(Rethink)는 일상의 모든 것을 다시 보고 내 방식으로 바꿔 생각해 보는 것이다. 교사만의 리씽크를 통해 디자인된 수업은 고유한 의미가 담길 수밖에 없다. 잘 짜인 수업은 연출된 드라마보다 재미있고, 감동이 없는 수업은 죽은 정보와도 같다.

파커 J 파머의 『가르칠 수 있는 용기』에 보면 '내가 최선을 다해 가르칠 때 나는 (   )가 된 기분이다'라는 메타포 게임이 나온다. 파커 J 파머는 자신을 '양치기 개'로 비유하였는데, 나는 내가 '연극배우' 같다는 생각이 들었다. 관객을 위해 더 흥미로운 스토리를 구성하고 연출하는 것, 공연을 위해 반복 연습하는 것, 관객의 관심과 호응 유도 및 상호 작용하는 것, 공연 후 관객 평가 등 피드백 받는 것, 다음 공연으로 다시 만나는 것이 학생들과 수업으로 만나는 것과 비슷하다는 생각이 들었기 때문이었다. 제법 마음에 드는 보건 수업을 만들어도, 실제 수업은 원하는 방향으로 진행되지 않을 때도 왕왕 있다. 좋은 수업은 교사 혼자 만드는 것이 아니기 때문이다. 연극처럼 교사는 학생들과 수업 안에서 함께 춤추고 노래해야 한다. 교사 혼자 신나서 하는 수업은 아무런 배움도 일어나지 않는다.

수업은 하면 할수록 더 어렵다. 왜냐하면 욕심이 생기기 때문이다. 좀 더 주의를 끄는 수업을 만들고 싶고, 학생들을 하나라도 더 일으켜 세우고 싶어지기 때문이다. 한 번은 보건 수업을 할 때마다 딴짓하거나 잡담으로 수업을 방해하는 학생이 있었다. 파커 J 파머가 말하는 '지옥에서 온 아이' 같았다. 그러던 어느 날 건강의 의미를 주제로 건강 관련 속담 그림 그리기를 했는데 그 학생이 그림에 온전히 몰입하는 모습을 보였다. 낯설기도 했지만 너무나 기특해서 조용히 옆으로 가 "연수가 그림을 잘 그리는 걸 몰랐네" 하며 격려해 주었다.

그날 학생은 반에서 공감 가는 그림으로 친구들에게 가장 많은 표를 얻었다. 학생마다 자신 있는 영역이나 흥미도 다 다르다는 걸 다시금 깨닫는 날이었다. 그 이후 신기하게도 학생의 수업 태도도 180도 변했다. 더 이상 수업 시간에 날 곤욕스럽게 하지 않았고, 나와 눈을 맞추며 수업을 들었다. 그런 학생들을 보면 시끄럽게 해서 다른 공부하는 학생들을 방해하지만 말아 달라고 했었는데, 내가 그 학생의 색깔을 한 번 더 들여다보지 못한 것에 미안한 마음이 들었다. '지옥에서 온 아이'는 수업에서 열외로 생각하는 편이 내 마음만 편하게 만들어 줄 뿐 학생에게서 배움의 기회를 배제한 것이란 생각이 들어 반성하게 되었다.

한 번은 보건 수업의 성교육 첫 시간으로 '대중 매체와 성 의식'을 주제로 수업하고 나와 학습지를 검토하다가 깜짝 놀랐다. 수업 시간에 잘 듣던 남학생이 수업 후 느낀 점을 깨알 같은 글씨로 칸을 넘어서까지 빼곡하게 써 놓은 것이다. 학생의 글은 '8차시 동안 진행될 성 수업의 내용과 방식을 예상할 수는 없지만 아쉬운 점이 있다.'라는 말로 시작했다. 보건 수업을 통해서 어떻게 대중 매체로 왜곡된 학생들의 성 의식을 바꿀 수 있는지 의심스럽다고 했다. 또 학생들이 수행 평가와 내신 관리 등에 관심이 집중되어 있어서 성교육을 해도 올바른 성 지식, 성인식이 제대로 전달되지 않을 것 같다는 것이나. 건강과 관련된 보건 수업은 전반적으로 모범적으로 들었던 학생이기에 성 수업에 대한 비관적인 학생의 의견에 적잖게 당황스러웠다.

성과 건강도 보건 과목에서 다루는 중요한 교육과정이다. 그래서 한 학기 통째로 성 수업만 해도 부족한 느낌이 들기도 한다. 왜 내 맘과 달리 성교육은 다른 교사들에게나 학생에게나 영 교육과정(배울 만한 가치가 있음에도 공식적 교육과정이나 수업에서 배제된 교과나 지식, 사고 양식 등의 교육내용) 신세를 면하지 못하는 건가. 대다수 학생은 보건 수업을 부담 없이 좋아하지만, 학생마다 특정 주제를 받아들임의 차이는 분명히 있다는 걸 깨달았다. 8차시 성교육이 끝난 후 학생은 무분별하게 대중가요의 잘못된 가사를 수용한 것을 반성하고, 여성이 뭐라고 답할 때 긍정인지 알게 되었고, 이성 교제를 좀 더 좋게 보게 되었다고 소감을 적었다. 우여곡절이 있었지만, 학생이 성교육을 통해 변화를 선택한 것이 다행이었다.

보건 수업을 하면, 교육 방법론, 교육과정, 수업 디자인 같은 수업 준비도 어렵지만 실제 교실에서 학생들과의 티키타카는 더 어렵다. 어려움이 곳곳에 도사리지만 수업하는 보건교사는 학생들과 멀어지지 않기에 예상치 못한 즐거움도 크다. 내 수업을 듣고 단 한 명의 학생이라도 '지금까지와는 좀 다르게 살아야겠다.' 생각한다면 그만한 보람도 없다. 보건교사는 좌충우돌 보건 수업을 통해 진짜 교사로 성장한다.

9

이 정도면 준연예인급

공부의 목적은 무엇인가요?

유아교육연구소의 전문가는 영유아 부모를 대상으로 한 특강에서 말했다. '아이들은 가르치는 대로 배우지 않고, 부모의 뒷모습을 보고 배웁니다.' 부모가 사는 삶의 방식은 아이에게 걸어 다니는 교과서다. 아이들에게 무엇을 가르칠지보다 중요한 것은 부모를 통해 어떤 삶을 보여 주고 어떤 세상과 만나게 할지다. 부모와 함께하는 시간이 많은 유아와 달리 학교에 다니는 학생들에게 부모만큼 큰 영향을 주는 사람이 바로 교사이다. 교사는 부모 다음으로 긴 시간을 아이들과 함께하는 제2의 부모이다. 그렇기에 교사는 학생들에게 살아 움직이는 휴먼 북과 같다. 교사가 평소에 하는 말이나 행동은 학생들에게 그대로 흘러간다. 학교가 지식만 가르치는 곳이 아닌 이유 중 하나가 바로 교사와의 관계를 통해 은연중에 배우는 잠재적 교육과정(학교에서는 의도하고 계획 세운 바 없으나 학교생활을 하는 동안에 은연중에 가지게 되는 경험)에 있는 것이 아닐까 싶다.

　서울의 한 간호대학 18학번이 된 보건 동아리 졸업생과 인터뷰를 한 적이 있다. 전문직 인터뷰는 간호학과 1학년 때 배우는 간호학개론의 과제였다. 학생은 졸업해서 간호학과에 간 고등학교 선배가 똑같이 보건실에 인터뷰를 오던 날에 자진해서 참관했던 열정 가득한 학생이었다. 자신도 인터뷰 참관을 했던 선배와 같은 학교 간호학과 후배가 되어 다시 찾아왔다. 그리곤 내게 잊지 못할 참신한 질문을 했다. "선생님은 지금도 상당히 많은 강연을 듣고, 공부를 병행하시는 걸로 알고 있는데 혹시 공부의 목적은 무엇인가요?" 간호사가 된 계기나 간호사의 장단점, 간호사가 가져야 할 덕목, 간호사의 어려움 등을 묻는 직업인 인터뷰와는 전혀 다른 '공부의 목적'에 대한 질문을 받은 것이다.

　나중에 어떻게 그런 질문을 한 것인지 물으니 학생은 웃으며 말했다. "선생님~ 예전에 보건실 오면 논어 관련된 책 같은 거 읽고 계셨잖아요." 가만 생각해 보니 언제인지 알 것 같았다. 인문학에 관심이 커져서 지역 도서관에서 『논어, 학자들의 수다』라는 책을 쓴 작가의 저자 특강 시리즈를 들었는데, 그때였다. 학생은 고등학교 다닐 때 보건실에 오면 내가 읽고 있는 책이나 전공서를 관심 있게 보았다고 했다. 그 말을 듣고는 잊고 있던 사실을 깨달았다. '나는 항상 말과 행동을 조심해야 하는 준 연예인(연예인에 준하는 사람)이구나!' 누군가에게 의도하든 의도하지 않든 영향을 미칠 수 있는 자리에 있구나. 내가 간호 학생 시절 지도 교수님을 보며 미래를 꿈꾼 것처럼 나의 제자들도 나의 뒷모습을 보고 있다. 학생들에게 선한 영향력을 끼치는 교사가 되어야겠다고 생각했고, 간호사를 꿈꾸는 후배들에겐 좋은 롤모델이 될 수 있는 선배가 되어야겠다고 다짐했다.

선생님과의 첫 수업이 아직도 기억나요!

고등학교 보건교사로 있다 보면 진로 인터뷰를 종종 하게 된다. 간호학과 진학을 희망하는 고등학생들이 대다수지만 간간이 간호대학에 다니고 있는 간호 학생도 있다. 개인적으로 직업인 인터뷰는 진로 탐색에 매우 중요하다고 생각해서 웬만해선 수락하는 편이다. 재미있는 건 학생마다 다 다른 질문을 내놓는다는 거다. 학생들의 다양한 인터뷰 질문들의 답변을 생각하다 보면 간호사로서나 보건교사로의 나의 삶을 돌이켜보게 되어서 좋다. 또 그저 한 발씩 디뎌온 크고 작은 발자국이 누군가에게 도움이 될 수 있다는 것에 감사함을 느낀다.

진로 인터뷰도 그렇지만 보건 수업에서 하는 말 한마디도 학생의 삶에 영향을 줄 수 있다. 1년간의 보건 수업이 끝나면 학생들에게 '보건 수업에 대한 내 생각'이란 제목의 평가지를 받는다. 학생들에게 수업을 통해 변화된 점이나 좋았던 점, 수업에서 개선할 점이나 어려웠던 점을 피드백 받는 것이다. 학생들이 내게 해 주는 말은 가장 좋은 격려이자 조언이 되어 준다. 마지막으로 보건 선생님께 하고 싶은 말에 인상적인 글을 남긴 학생이 있었다. "선생님과의 첫 수업이 아직도 기억나요. 그때 선생님 소개가 인상 깊었거든요. 과거에도 현재도 미래에도 하고 싶은 일들이 많아 열심히 노력 중이라고 하셨어요. 선생님께서 공부 열심히 해서 많은 꿈을 꿀 수 있었던 것처럼 저도 지금이 너무 힘들어도 열심히 해서 꿈도 이루고 더 많은 꿈 가지고 살아갈게요." 수업이 좋았다거나 유익한 정보를 많이 배웠다는 말보다 어쩌면 더 값진 마지막 인사였다. 나도 잘 기억이 안 나는 내 소개를 보건 수업이 끝나는 마지막 날까지 마음속에 품고 있었다는 게 가슴 벅차게 했다. 누군가에게 본보기가 되는 삶을 살 수 있다는 건 어렵기도 하지만 큰 행복이다.

선생님이 되어서 좋은 점이 있다면 학생들과 만나며 꿈에 대해 계속 사유하게 되는 것이다. 보건 수업이나 동아리 활동에서 학생들에게 자부심을 지니고 말하곤 한다. 간호학을 선택한 20살부터 지금까지 내 선택을 후회한 적이 없다고 말이다. 나는 여러 선택지 중에서도 간호를 선택했기에 출근하는 게 싫은 어른의 삶을 살고 있지 않다고 믿는다. 학생들도 나처럼 돌아가든 모로 가든 진심으로 사랑하는 일을 찾았으면 좋겠다. 더 나아가 학생들에게 좋아하는 일을 하며 즐겁게 사는 선생님의 모습을 보여 주고 싶다. 앞으로도 쭉 학생들의 꿈길에 불을 비춰 주는 선생님이 되고 싶다.

5장

어쨌든 호모 폴리토르가 되다

1

가꿈지기의 라이프로깅(Life logging)과 가꿈프로젝트

기록이 쌓이면 뭐든 된다

나는 어린 시절부터 못 말리는 기록광이었다. 강박적이라고 할 정도로 기록에 집착했다. 어릴 때부터 다이어리에 일기를 쓰는 걸 좋아했고, 강연이나 강의, 대화를 듣고 나서 메모하고 생각하는 걸 좋아한다. 글을 읽고 쓰는 것도 물론 즐겼다. 일상에서 소소한 인사이트나 인상 깊은 것이 생기면 잊지 않으려고 쓰다 보니 기록하는 게 버릇이 된 것이다. 사실 기껏 부지런히 쓰고나서 안 볼 때도 많기는 하다. 그래도 써서 좋은 점은 나중에 연결 고리가 생길 때 언제든 뒤지면 나온다는 데 있다.

네이버 블로그가 20주년을 맞이하여 내건 슬로건이 있다. 바로 '기록이 쌓이면 뭐든 된다.'이다. 기록이 누군가에겐 인플루언서의 길을, 누군가에겐 N잡러의 길을 열어 주었다고 한다. 나에게 블로그 기록은 무엇을 주었을까? 블로그는 나에게 뭘까? 2017년부터 블로그 라이프로깅(일상을 스마트 기기에 기록하는 행위, 삶의 디지털 기록)을 시작했다. 교육에 대한 고민과 경험, 평소 내가 가져온 상념들, 가족과의 추억과 일상의 소소한 행복들을 쌓아갔다. 블로그는 지극히 개인적인 공간이고, 적어도 내 행보에 관심을 가진 분들이 읽고 있다고 생각하니 마음이 좀 더 편했다. 기록 안에서 힐벗고 있는 원초적인 나의 삶을 응원해 주는 사람이 있어서 든든하기도 했다. 하지만 한편으론 나를 소탈하게 드러내는 것이 낯부끄럽고 남사스럽기도 하다.

블로그는 나에게 추억을 쌓아 둔 다락방이자 일종의 포트폴리오다. 내가 지나온 역사를 남긴다는 건 나에게도 의미 있지만 타인을 위한 일이기도 했다. 가르치는 일을 하면서 내가 한 경험과 내가 살아 낸 이야기가 누군가에게 도움이 될 수 있다는 걸 알게 되었다. 비록 소박하고 별 볼 일 없어 보일지라도 말이다. 또 내가 겪은 관계 속의 좋은 경험이나 생각들을 공유하고 긍정적인 영향을 주고 싶었다. 다른 사람들이 좋은 글로 내게 필요한 정보와 힐링을 적시 적소에 주는 것처럼 말이다.

라이프로깅하면서 내 직업적인 삶의 방향도 고민하기 시작했다. '힐빙 보건실'이라고 명패를 붙이고 내 소명을 반영하는 닉네임도 '가꿈지기'라고 지었다. 아름다운 꿈을 향해 나아가는 나의 모습과 꿈을 가꾸는 사람들 옆에서 친구처럼 늘 함께하는 존재가 되고 싶은 마음을 담았다. 시간이 갈수록 내 삶도 점점 가꿈지기로 변해갔다. 일과 삶을 기록하면서 평범한 보건교사인 내가 다른 보건교사들의 궁금증과 어려움을 함께 고민하게 되었다. 또 오프라인으로는 만날 수 없는 다양한 사람들과 연결될 수 있었다. 기록한다는 것은 한 사람의 삶을 보여 주는 것이고, 누구나 할 수 있다는 용기를 주는 행위기도 하다.

삶의 의미를 찾게 한 100일 가꿈프로젝트

첫 아이를 낳고 육아 휴직을 했을 때였다. 20대부터 30대 중반까지 내 안의 열정에 취해 코뿔소처럼 달리다가 엄마가 되어 처음으로 쉼표를 찍는 시기였다. 아이가 자라는 것을 보면 그동안 살면서 느끼지 못한 뭉클함에 전율을 느꼈지만, 쉬다 보니 뭔가 한 게 없는 것 같은 전에 없던 공허함이 느껴졌다. 다들 바쁘고 코로나로 세상은 바뀌는데 나 홀로 정체된 듯 막연한 불안감도 생겼다.

부정적인 자기 확언으로부터 나를 지키고 활력을 되찾고 싶어서 시작한 것이 자칭 '100일 가꿈프로젝트'였다. 100일 동안 몸과 마음, 삶을 가꾸는 습관을 만드는 프로젝트이다. 아이를 돌보고 남는 시간에 나 자신을 대상으로 실험했다. 몸 가꿈은 줄넘기 운동, 마음 가꿈은 세 줄 감사

일기 쓰기, 삶 가꿈은 독서와 글쓰기였다. 매일 아파트 앞 놀이터에 나가서 줄넘기를 뛰었고, 매일 감사한 일 3가지를 찾아서 주제당 세 문장으로 일기를 썼다. 일상이 육아가 전부였기에 가족에 대한 감사가 대부분이었다. 낮이든 밤이든 아이가 잠들면 틈틈이 책을 읽고 글을 썼다. 이 책의 첫 이야기도 이때 탄생했다. 3가지 습관을 가꾸는 가꿈프로젝트의 과정을 전부 블로그에 기록했다.

100일 동안 잘 유지했을까? 100일이 지난 후 어떻게 되었을까? 다행히 흐지부지되진 않았다. 그렇다고 삶이 크게 달라지지도 않았다. 난 변함없이 오갈 데 없는 휴직한 육아맘이었다. 하지만 내 마음은 사뭇 달랐다. '지금 여기' 현재에 집중하면서 순간순간의 내 감정을 알아차릴 수 있었다. 제일 값진 수확은 '나는 지금 내 인생에서 가장 가치 있는 시간을 보내고 있다.'라는 걸 배운 것이다. 헛헛한 마음이 좀 채워진 기분이 들었다. 삶은 의미와 습관으로 결정됐다. 매일 똑같은 일상도 내가 어떤 의미를 부여하고 어떤 습관으로 채워가냐에 따라서 달라졌다.

지식을 얻고 경험하고 기록으로 쌓으면 지혜가 된다. 내게 100일간의 가꿈프로젝트는 지혜가 알알이 열매를 맺는 시간이었다. 나 자신에게 온전히 몰입하는 시간이었다. 니체는 『차라투스트라는 이렇게 말했다』에 썼다. "자신을 진정으로 사랑하기 위해서는 먼저 무엇인가에 온 힘을 쏟아야 한다. 자기 다리로 높은 곳을 향해 걸으면 고통이 따르지만, 그것은 마음의 근육을 튼튼하게 만드는 고통이다." 삶과 행복은 결국 내가 만들어 가는 것이다.

2

인생의 네비게이션, 가꿈지도

School Health Teacher 정진주의 가꿈 로드맵

간호대학을 졸업하고 보건복지부에서 면허를 받은 등록 간호사는 의료법에 의거 매년 8시간 이상의 보수 교육을 이수해야 한다. 또한 3년에 한 번씩 대한간호협회에 면허 신고를 해야 하는데, 보수 교육을 받은 자만 신고를 할 수 있다. 한 마디로, 보수 교육을 듣고 면허 신고를 해야 의료인 면허가 유지가 되는 것이다. 보건교사도 간호사기 때문에 매년 보수 교육을 듣고 3년에 한 번씩 면허 신고도 해야 한다. 간호사로 일할 땐 휴가를 신청해서 병원에서 자체적으로 열리는 보수 교육을 들었다. 학교에서 일하는 보건교사는 어떨까? 보건교사 보수 교육은 일반적으로 '의료인 보수 교육과 연계한 보건교사 직무 연수'라는 이름으로 교육청 차원에서 개설해 준다. 교육 기간 내 원하는 때에 신청해서 들으면 된다.

2016년에도 교육청에서 주관한 보건교사 보수 교육을 들었다. 첫 시간에 보건교사 출신으로 교감 발령이 예정된 장학사님의 강의가 있었다. 요즘은 관리직으로 진출하는 보건교사가 종종 있는데 신규였던 내겐 생소하고 신기했다. 장학사님께서 강의 초반에 보여 주신 흥미로운 표가 내 시선을 사로잡았다. 보건교사로 재직하는 동안에 만드신 '커리어 관리표'였다. 커리어 관리표에 매년 보건교사로서 한 일들의 발자취를 남기신 것이다. 보는 순간 벤치마킹하고 싶어졌다.

독서법 중에 '본깨적'이란 유명한 방법이 있다. 책에서 저자가 말하는 핵심을 제대로 보고, 나의 언어로 만들어 봄으로써 깨닫고, 내 삶에 적용하는 독서를 말한다. 책을 읽어도 삶이 변하지 않는 사람들에게 추천하는 방법이기도 하다. 나는 본깨적 독서법이 비단 책 읽기에만 적용되는 게 아니라고 생각한다. 강의를 듣거나 미디어를 보다가도 내 마음에 와 닿으면 본깨적 할 수 있다. 사소한 것일지라도 스쳐 지나가듯 보지 않고, 깨달음을 얻어 일상과 업무에 적용하면 삶은 변화한다.

그해 보수 교육이 끝난 뒤, 'School Health Teacher 정진주의 가꿈 로드맵'을 만들었다. 보건교사 업무 중 기록하고 싶은 주제들로 카테고리를 만들었다. 보건실 운영, 보건교육, 감염병 예방, 건강 증진, 성교육, 특색 사업, 보건 동아리, 전문적 학습 공동체에서부터 자기 계발, 건강 관리, 개인 이벤트까지 해마다 정리해 보기로 했다. 인터넷 쇼핑을 하다가 장바구니에 물건들을 담듯이 하고 싶은 것을 가꿈 로드맵에 채워 나갔다. 그러다 보니 내가 만들어 놓은 주제에서 내가 올해 할 수 있는 게 뭐가 있을지도 고민하는 나를 발견했다. 어느새 로드맵과 10년을 함께했다. 로드맵을 보다 보면 결과보다는 내가 어디로 가고 있는지 과정이 한눈에 보인다. 가꿈 로드맵은 내가 할 수 있는 일이자 내가 꿈꾸는 삶의 방향 그 자체다.

꿈을 이뤄 주는 가꿈지도

보건 동아리 활동을 계획할 때면 내가 일명 '가꿈지도'라고 부르는 드림 보드 만들기 활동을 꼭 넣곤 한다. 학생들은 가꿈지도에 자신을 광고하는 독창적인 제목을 붙인다. 그런 뒤 '와! 멋지다' 생각이 드는 꿈이 담긴 사진이나 그림을 붙이고 꿈의 제목과 기한, 나와 주위에 어떤 도움이 되는지를 적는다. 더 나아가 자신이 만든 가꿈지도를 수시로 보도록 안내한다. 이 과정에서 학생들은 미래에 나는 어떤 모습이 되어 있을지 상상하게 되고, 무엇을 좋아하는지 무엇을 하고 싶은지 진지하게 고민한다. 또 현재 자신에게 진짜로 필요한 것이 무엇인지 스스로 깨닫는다.

아무래도 보건 동아리 학생들이다 보니 기본적으로 '간호학과 진학하기'가 빠짐없이 들어간다. 그 외에도 외국 영화 자막 없이 보기, 친구나 가족과 해외여행 가기, 디즈니랜드 가기, 봉사 활동 하기, 책 많이 읽기, 내 집 마련하기 등 각양각색의 꿈을 펼쳐 낸다. 학생들은 활동 소감문에 가꿈지도를 만든 것이 기억에 남는 이유를 다양하게 썼다. 나중에 커서 다시 보면 고등학생 때 자신이 꾸던 꿈을 알 수 있어서, 잡지 속에서 자신의 꿈을 찾아보면서 진로를 위한 계획을 세워 보는 계기가 되어서, 자신의 최종 목표를 생각해 보는 계기가 되어서라고 했다. 학생들이 꾸는 꿈은 꼭 직업과 관련된 게 아니어도 좋다. 자신이 좋아하고 하고 싶은 것을 찾아보고, 진로 방향의 실마리를 찾는 데 의의가 있다.

모치즈키 도시타카는 『보물지도』에서 누구나 알지만 대부분이 실천하지 않는 일이 바로 목표를 종이에 쓰는 것이라고 말한다. 꿈을 종이에 쓰고 나서 자꾸 보면 이루어진다는 것이다. 찰나의 깨달음은 평소 얼마나 관심을 가지고 사느냐에 달려있다. 종이에 쓴 꿈을 본다는 것은 잠재의식에 계속 질문을 던지고 꿈을 의식하게 해 주는 행위이다. 꿈을 이루는 작지만 강력한 비결인 셈이다. 꿈을 100% 다 이루지 못했다 하더라도 괜찮다. 꿈을 향해 도전하는 과정을 통해서 능력과 경험치는 한층 높아질 것이 분명하기 때문이다.

내가 가꿔 온 '가꿈 로드맵'과 학생들이 가꿔 갈 '가꿈지도'는 꿈을 이루는 비책이자 삶의 네비게이션이다. 사람들은 꿈이 이뤄져야지만 행복해진다고 생각한다. 실상은 반대이다. 꿈을 향해 하루하루 열심히, 기쁘게 현재를 살다 보면 어느샌가 우리는 꿈에 가까워져 있는 나를 발견할 때가 더 많다. 지금부터라도 나만의 가꿈지도를 그리고 따라가 보는 건 어떨까.

3
호모 쿵푸스!? 우리는 호모 폴리토르!

새로이 찾은 나의 정체성

내가 참 이상하다고 생각한 적이 있었다. 왜 나는 몸이 피곤하고 힘든데도 꾸역꾸역 배우러 다니는 걸까, 또 내 직무와 전혀 관련 없어 보이는 것을 찾아서 배우는 걸까. 남들이 들으면 잘난 척한다, 유난 떤다고 생각할 수도 있다. 하지만 정작 나에게는 누구에게도 말 못 할 고민거리였다.

강연이든 책이든 영상이든 모임이든 학습이든 하나의 어떤 형태를 따지지 않고 뇌리에 박히면 빠져들었다. 한참을 그렇게 살던 어느 날, '쿵푸?! 공부를 사랑하라'란 주제로 한 국어 교사의 연수에서 '호모 쿵푸스'라는 말을 처음 들은 후 마음이 한결 편해졌다. 돌이켜보니 남들이 필라테스 요가나 꽃꽂이를 배우는 것처럼 눈에 보이지 않는 무형의 지식이나 삶의 진리를 배울 수 있는 공부가 나의 취미였다.

고미숙 작가의 『공부의 달인, 호모 쿵푸스』에 보면, 호모 쿵푸스는 공부하는 존재라고 한다. 몸을 단련하고 인생을 바꾸는 공부를 하는 사람들을 말한다. 우리가 생각하듯 특정 연령대에 학교에서 책상에 앉아서 하는 것만이 공부가 아니다. 공부란 배움과 가르침 사이에서 존재하는 것이고, 통찰력을 가지게 하는 삶의 기술이었다. 스스로 정의 내릴 수 없었던 나의 정체성 하나를 합리적으로 찾은 기분이 들었다. 이제 당당하게 '내 취미는 공부다.'라고 말할 수 있을 것 같았다.

우리는 호모 폴리토르

호모 쿵푸스란 말에 꽂혀서 정체성을 고민하다 보니 새로운 개념이 떠올랐다. 바로 '호모 폴리토르'이다. 폴리토르(Politor)는 라틴어로 닦는 사람, 가꾸는 사람을 뜻한다. 내가 만들어 낸 호모 폴리토르는 한 마디로 '꿈의 정원을 가꾸는 사람들'이다. 다양한 역할과 능력을 키우고 발전시켜 나가는 다재다능한 인간을 의미한다. 나처럼 배우고 성장하는 걸 즐기는 사람, 미래의 꿈을 향해 나아가는 학생들, 취업 준비생, 직장인, 퇴직자 모두 꿈을 가꾸는 사람들이다. 나는 나의 삶을 아름답게 가꾸며, 꿈을 가꾸며 사는 사람들의 조력자로 살고 싶다는 꿈을 꾸게 되었다. 또 그들과 호모 폴리토르의 삶을 함께하고 싶다.

꿈을 가꾸는 사람은 삶도 사랑한다. 매사에 주어진 과업에 최선을 다하고 노력하는 것은 삶을 사랑하는 것이고 결국 나 자신을 사랑하는 것과 같다. 나아가 호모 폴리토르는 도전하는 삶을 산다. '설마 내가 될까?' 망설이다 주저앉기보단 '해 보기나 했어?'라는 마음으로 하고 싶은 거나 배우고 싶은 게 생기면 정면으로 맞선다. 새로운 배움과 경험에 시간과 열정을 쏟는 편이다. 도전하는 과정은 삶을 대하는 유연한 태도를 가르쳐 준다.

한계를 뛰어넘는 최고의 방법, 도전

살다 보면 우리는 수없이 한계에 부딪힌다. 중요한 건 나만 한계를 만나는 게 아니고 모두가 한계를 느끼고 대응하며 산다는 점이다. 대학 병원에서 간호사로 일할 때 매너리즘에 빠져 거대한 기계의 톱니바퀴 같다고 느낀 적이 있었다. 미래가 보이지 않았고, 재능을 발휘하고 있는 것 같지도 않았다. 입사할 때의 초심은 온데간데없이 열정이 다 식어버렸다. 남들이 부러워하는 큰 병원의 간호사였지만 정작 나는 존재감을 찾을 수 없었다. 목표 의식과 의미를 잃어버린 부표처럼 혼자 떠도는 기분이 들어 헤매고 방황했다. 친구들과 어울려 먹고 놀며 20대 젊음의 시간을 탕진하며 살았다. 그 순간 내 삶을 손바닥 뒤집듯 전환하게 한 것은 '보건교사가 되어야겠다'라는 새로운 목표였다. 도전은 내가 다시 뛸 수 있게 힘과 용기를 줬다.

보건교사가 되기 위해 다시 전공 교과서를 펴는 게 쉬웠다면 거짓말이다. 하지만 도전하는 과정은 나에게 소소한 성취감들을 선사했다. 현실에 맞서 도전하고 한계를 뛰어넘기만 해서 보건교사가 되면 핑크빛 미래가 펼쳐질 줄 알았다. 그런데 막상 현실은 기대한 대로만 흘러가지 않았다. 어쩌면 병원에서 느꼈던 것보다 훨씬 더 구조적이고 고질적인 한계에 부딪혔다. 실상은 알지도 못하는 사람들의 보건교사는 편하다는 편견과 비교사 교사라는 꼬리표가 학교 안팎에서 따라다녔다. 다시 한계를 뛰어넘어야 했다.

나는 나 자신을 가꾸고 키우기로 마음먹었다. 또다시 열정을 잃어버리고 싶지 않았다. 삶이 재미없어지는 게 싫었다. 가장 나다워지기로 했다. 직업적인 일 안에서 내가 좋아하는 걸 접목해갔다. 배우며 성장하는 기쁨으로 한계를 상쇄시켰다. 나의 첫 도전은 교육대학원에 진학한 것이다. 보건교사로 딱 1년간 살아본 후, 바로 입학을 결정했다. 그때 내 나이 31살이었다. 사람들은 "보건교사도 됐겠다, 그 돈이면 여행이나 가지 힘들게 대학원은 왜 가? 학벌 세탁? 승진?" 등 다양한 의문을 대며 의아해했다. 거창한 이유는 없었다. 그냥 더 배우고 싶어서 간 거다. 나답게 교육 전문성을 좀 더 키우고 싶었다.

대학원에 진학하고 학업과 생업을 병행하며 응급실을 2번이나 갔고, 초등학교 때 이후 처음으로 입원 환자가 되어 1달간 병가도 써 보았다. 체력적으로 버티기 힘든 순간이 여러 번 왔지만, 대학원 시절 얻은 것도 많다. 보건 교육학적인 기초 소양뿐만 아니라 발표 수업을 하며 발표 자료 만드는 스킬이 늘었고, 발표 포비아도 극복했다. 논문을 쓰며 연구 주제를 찾아 자료를 검색·분석하고 글로 완성해 낼 수 있게 되었다. 또 매번 "이게 최선이에요?" 물으시는 간호학과 지도 교수님을 대하며 자만하지 않는 자세와 참아 내는 능력이 길러졌다. 공부하는 방법을 온몸으로 체득하는 시간이었다. 첫 단추로 대학원을 경험했기에 내가 할 수 있는 도전의 폭도 더 넓어졌다. 연구를 해 봤기에 학교에서 현장 연구가 막연하게 느껴지지 않았고, 나를 소개하는 포트폴리오도 좀 더 풍성해졌다. 주어진 일만 하는 보건교사가 아닌 좋아하는 일, 하고 싶은 일도 하는 보건교사가 되는 길이 열렸다.

적어도 실패가 무서워 도전하는 걸 꺼리지는 말자. '실패는 성공의 어머니'라는 말이 있듯이 실패가 없는 성공은 있을 수 없다. 단 한 번도 도전해 보지 않은 사람보다 100번 도전해서 실패해 본 사람이 훨씬 더 훌륭하다. 한계를 없애고 새로운 것을 배우고 익히는 도전이야말로 삶에서 가장 큰 가르침을 준다. 『그대, 스스로를 고용하라』에서 구본형 선생은 말했다. "세상이 시들해 보이는 이유는 세상이 시들해서 그런 것이 아니다. 자신이 하는 일 그리고 삶을 향한 관심과 열정을 잃었기 때문이다."

결국 삶의 열쇠는 내 손에 쥐어져 있다. 한계에 도전하며 내 삶과 꿈을 아름답게 가꾸며 사는 것이 즐겁고 풍요로운 삶의 지름길이다.

4

브라보! 호모 폴리토르여!

내가 프로 일벌러로 사는 이유

나는 프로 일벌러다. 왜냐하면 일을 잘 벌이기 때문이다. 그 중엔 직업적인 것도 있고 개인적인 것도 있다. 남들이 보면 해도 그만 안 해도 그만인 뻘짓도 많다. 시간 낭비 같고 쓸데없어 보이는 것도 한다. 하지만 확실한 건 '내가 좋아서 하는 거'란 사실이다. 딴짓하고 일을 꾸미는 나의 겉모습만 보고 사람들은 말한다. "교육청으로 가는 거 아니야?" 마치 사람들의 머릿속은 한 가지 진로 회로밖에 없는 것 같다는 생각이 들 때도 종종 있다. 학생이라면 무조건 서울대에 가려고 열심히 공부한다는 일반화의 오류처럼 말이다. 다른 가능성은 조용히 배제해 버린다. 이런 논리에 내가 할 수 있는 대답은 한 가지다. 바로 '내가 뭐가 될지는 나도 모른다.'이다. 나는 예전에도 그랬고 오늘도 그렇고 앞으로도 그렇게 계속 나를 설레게 하는 새로운 꿈을 가꿀 것이기 때문이다.

열심히 쫓아다니며 배우다 보니 뜻밖의 발견이 하나 있다. 내가 배우고 가르치는 것을 좋아하는 사람이라는 것이다. 뭐 하나에 빠지면 끝장을 보고, 알려 주고 싶은 욕구를 느낀다. 교사가 되는 건 운명이 아니었을까 싶은 정도이다. 나는 교육 현장에서 청중을 웃기고 울리는 메신저이자 교육자가 되고 싶다. 사람들에게 긍정의 영향력을 줄 수 있는 사람이 되고 싶다는 꿈을 꾼다. 열심히 일을 벌이고 배우고 경험하는 삶을 사는 충분한 이유이다.

금수저 말고 꿈수저

요즘 금수저라는 말이 유행하고 있다. 금수저는 3대를 먹여 살릴 만큼 부유한 부모 밑에 태어난 사람을 의미하는 말이다. 태어나 보니 금수저인 삶은 살아 보지 않아서 잘은 모르지만, 인생에서 돈이 전부는 아닌 건 알 나이가 되었다. 삶의 기준이 밖이나 물질로 향하는 비교 논리는 무력감의 근원이다. 나답게 내 힘으로 꿈꾸고 가꿔 나가야 진짜 내 인생이다. 자신감은 돈에서 나오는 게 아니라 꿈에서 나온다.

뮤지컬 〈키다리 아저씨〉의 좋아하는 넘버 중 〈행복의 비밀〉에는 이런 노랫말이 나온다.

'행복의 비밀은 그 비밀은 바로

현재를 살기

이 순간 지금 살아있는 이 순간을 느끼면서 살기

행복이란 나 자신의 꿈을 찾아 살아가는 거'

그동안 내가 꿈을 가꾸며 깨달은 인생의 진리가 넘버 안에 고스란히 축약되어 있다는 느낌을 받았다. 행복은 결코 멀리 있지 않다. 꿈꾸는 결과만큼 중요한 게 하루하루 지금 이 순간 꿈을 향해 걸어가는 여정이다. 주어진 상황을 탓하지 않고 내 속도로 묵묵히 꿈길을 가며 즐기면 행복은 저절로 뒤따라온다. 행복은 내 안에 있다.

이미 많은 이가 자신만의 색깔로 삶과 꿈을 가꾸며 살아간다. 나는 그들을 호모 폴리토르라 부른다. 가슴이 시키는 일을 찾고, 끊임없이 도전하는 것에서 행복을 찾는 사람들이다. 금수저도 좋겠지만 꿈수저는 더 좋다. 왜냐하면 꿈수저는 행복한 삶을 보장해주기 때문이다.

나는 오늘도 '아침을 여는 기도문'으로 하루를 시작한다. 내가 들을 수 있게 읊조리며, 나부터 호모 폴리토르의 삶을 살겠노라고 다짐한다.

'부디, 저를 인도해 주십시오.

배움과 나눔을 통해 의미 있는 하루하루를 살 수 있도록 허락해 주십시오.

삶 앞에 용기 내고 도전할 수 있도록 도와주십시오.

좋은 일을 하며 주위 사람들에게 선한 영향력을 발휘할 수 있도록 이끌어 주십시오.'

꿈은 꾸는 게 아니고 가꾸는 거다

2002년 고등학교에 입학하던 해 여름, 대한민국을 떠들썩하게 한 역사적인 사건이 있었다. 바로 월드컵이다. 학교에서 야간 자율 학습을 할 때, 우리나라가 골을 넣기라도 하면 3학년 오빠들이 '오 필승 코리아!'를 외치며 복도를 뛰어다니던 모습이 아직도 기억에 선명하다. 축구만큼이나 온 국민이 하나 되어 열광하던 슬로건이 있었는데, 바로 '꿈은 이루어진다'이다. 개미 떼 같은 붉은 악마들이 흰 종이판으로 '꿈☆은 이루어진다'를 만들 때의 짜릿했던 감동은 이루 말로 표현할 수 없었다.

2002 월드컵은 우리에게 꿈과 희망의 대명사였다. 불가능할 것 같았던 4강 진출의 신화를 이루었고, 나를 비롯한 국민은 자신의 꿈이 이루어진 것 같은 황홀감을 선물 받았다. 그런데 돌이켜 보면 아이러니한 것이 있다. 꿈은 이루어진다는데 고1이었던 난 정작 이렇다 저렇다 할 꿈이 없었다. 세상은 꿈이 뭐냐고 인생의 주인공은 너라며 자신에게 꿈을

물어보라고 다그치지만, 그때 내게 꿈은 막연하게만 느껴졌다. 학창 시절 내게 꿈은 뜬구름같은 허상이었다.

대학에 가서야 꿈이란 게 뭔지 깨달았다. 꿈은 단순히 목표 자체가 아니었다. 목표를 향해 온몸으로 겪으며 한 걸음씩 걸어가는 순간순간도 꿈이었다. 꿈을 가꾸는 과정에서 쓸모없는 경험은 단 하나도 없었다. 설령 실패의 기억, 흑역사일지라도 말이다. 꿈은 꾸기만 해선 이뤄지지 않는다. 하루아침에 이뤄지는 꿈도 없다. 꿈은 화초를 가꾸듯 정성 들여 보살피고 돌봐야지 이뤄진다. 꿈은 내가 의미 있게 보내는 오늘이 모여서 이루어지는 것이었다.

2018년 세계적인 아이돌인 방탄소년난(BTS)의 리더 RM은 UN 청소년 지원 행사에서 연설했다. "어제 내가 실수했을 수도 있지만, 여전히 나입니다. 오늘 잘못과 실수를 안고 있는 그대로 나 자신입니다. 내일은 조금 더 현명해질 수도 있고, 그것도 나일 것입니다. 이러한 결점과 실수가 바로 나이며, 내 인생의 별자리에서 가장 빛나는 별이 되었습니다. 저는 지금의 나, 과거의 나, 그리고 되고 싶은 나 자신을 사랑하게 되었습니다." 꿈을 가꾸며 살다 보면 실수할 때도, 막다른 길과 만날 수도, 실패하고 좌절을 할 수도, 후회하는 순간도 오기 마련이다. 비록 완벽하진 않지만 잘 살아 냈고 어제보다 조금씩 성장하는 지금 그대로의 자신을 사랑하길 바란다. 그리고 나를 사랑하듯 꿈도 선택하라. 자신이 선택하고 걸어온 길을 사랑해라. 그 길이 곧 나다.

똑같은 이름표를 가진 고등학생, 간호 학생, 간호사, 보건교사지만 우리는 저마다 다른 삶의 궤적을 밟으면 살아간다. 그렇기에 우리가 들려줄 수 있는 이야기도 그만큼 무궁무진하다. 치킨이든, 찜닭이든, 삼계탕이든 뭐든 매력적이지 않던가. 닭의 변신이 무죄듯이 우리의 변신도 무죄다. 나만의 색깔을 가진 꿈으로 삶을 채워 나가 보자.

거창한 꿈만 꿈인 것은 아니다. 대학에 다닐 때 난, 어쩌다 간호학을 배우고 있지만 모범생이 되는 게 꿈이었고 그 꿈은 이루어졌다. 병원에 근무할 때 난, 내 몫을 충실히 해내는 어엿한 간호사가 되는 게 꿈이었고 그 꿈은 이루어졌다. 임용 고시를 준비할 때 난, 누구보다 절실하게 보건교사가 되는 게 꿈이었고 그 꿈은 이루어졌다. 보건실에서 일하며 나는 여전히 꿈꾼다. 나와 학생들의 꿈을 가꾸는 교사로 살고 싶다. 선한 영감을 주는 메신저가 되고 싶다. 꿈은 행동하게 만드는 가장 강력한 동기이다.

우리는 저마다 아름다운(佳, 가) 꿈을 가꾸며 살아간다. 꿈은 남녀노소의 삶에서 모두 유효하다. 꿈은 도파민을 뿜으며 행복한 삶을 보장한다. 그렇기에 우리는 학창 시절에 꾸는 꿈으로 끝내는 게 아니라 평생 꿈과 진로를 개발해야 하는 것이다. 꿈꾸기에서 그치지 말고 실행에 옮기며 가꿔 보자. 나에게 가꿈노트는 아름다운 꿈의 기록이자 내가 꿈을 가꿔온 삶의 발자취다. 많은 이들이 자신만의 아름다운 꿈을 담은 가꿈노트를 만들어 나가는 삶의 즐거움을 경험하길 바란다. 꿈을 가꾸는 작고 소박한 하루하루의 힘은 위대하다. 꿈은 꾸는 게 아니라 가꾸는 것이란 걸 명심하자!